Dados Internacionais de Catalogação da Publicação (CIP)
(Câmara Brasileira do Livro, SP, Brasil)

Trama e Texto : leitura crítica : escrita criativa / Lucídio Bianchetti, organizador. — 2ª ed. — São Paulo : Summus, 2002.

Obra em 2 v.
Bibliografia.
ISBN 85-323-0777-9 (v. 1)
ISBN 85-323-0778-7 (v. 2)

1. Aprendizagem 2. Escrita 3. Leitura 4. Linguagem 5. Textos I. Bianchetti, Lucídio.

02-3019 CDD-410

Índices para catálogo sistemático:

1. Linguagem escrita : Lingüística 410
2. Linguagem falada : Lingüística 410

VOLUME 2

TRAMA E TEXTO

LEITURA CRÍTICA • ESCRITA CRIATIVA

organizador • Lucídio Bianchetti

summus editorial

2ª edição

TRAMA E TEXTO
Leitura crítica • Escrita criativa

Capa: **Camila Mesquita**

summus editorial

Departamento editorial:
Rua Itapicuru, 613 – 7º andar
05006-000 – São Paulo – SP
Fone: (11) 3872-3322
Fax: (11) 3872-7476
http://www.summus.com.br
e-mail: summus@summus.com.br

Atendimento ao consumidor:
Summus Editorial
Fone: (11) 3865-9890

Vendas por atacado:
Fone: (11) 3873-8638
Fax: (11) 3873-7085
e-mail: vendas@summus.com.br

Impresso no Brasil

À minha irmã,
professora Maria de Lourdes Bianchetti Conte

Maria de Lourdes me preparou para ultrapassar a peneira fina do antigo Admissão em direção ao Ginásio, o que me possibilitou, posteriormente, enfrentar inúmeros outros 'vestibulares' interpostos no caminho dos estudantes deste país, seja no campo da educação seja no do trabalho.

Através dela quero homenagear, principalmente, todos os professores do Primeiro e Segundo Graus do Brasil, os quais, apesar das promessas não cumpridas e dos atentados perpetrados pelos governantes contra a educação, continuam resistindo e dando o melhor de si para que as nossas crianças, adolescentes e jovens continuem tentando se construir cidadãos, através do desvendamento da trama do (con)texto.

"Na primeira reunião do ano, pedi aos pais para conversarem com as crianças de adulto para adulto sobre a importância de aprender a ler e escrever... Eu expliquei que amanhã, quando as crianças forem trabalhar, vão precisar assinar um contrato, ter carteira de trabalho, conhecer seus direitos. E como vão fazer isso se não souberem ler e escrever? Também digo que patrão não quer pagar nem salário mínimo pra empregado analfabeto, e vou mostrando que pobre tem que saber ler e escrever para não ser explorado. Para o pobre, ler e escrever é uma arma fundamental. Depois eu converso sobre isso com as crianças. Para elas eu também falo como vai ser bom passar pela banca de jornais e ler as notícias, mas digo sempre que o mais importante é o trabalho. Sabe, a maioria das crianças quando sai daqui vai trabalhar sem carteira assinada. E eu explico sempre que sem ler e escrever, sem carteira de trabalho, vão pensar que são vagabundos. Se o carro da polícia encostar e pedir documento, quem não tiver vai preso, e na delegacia vão querer que assinem um papel. E vão assinar sem ler? E eu digo: você só vai se dar bem na vida se você souber ler e escrever e entender o que está lendo. Ler e escrever é arma, digo sempre. Por isso acho que a minha função é muito, mas muito importante. Minhas colegas zombam de mim. Dizem que sou fanática. Mas falo pra elas que se eu fosse arquiteta eu não podia descuidar do desenho da planta. Mas eu não sou arquiteta. Sou professora. E professora é profissional do ensinar a ler e escrever. Então, não posso descuidar dessa tarefa. Esse é o meu papel. É para fazer isso que eu estou na escola, e é isso que eu devo fazer, e fazer bem".

Depoimento da Professora Ana Lúcia à Sônia Kramer.
(In: *Por entre as pedras: arma e sonho na escola.* Ed. Ática)

NOTA DO ORGANIZADOR

Do ângulo de quem não faz do escrever uma profissão, defrontar-se com o desafio ou a necessidade de se expor, através da escrita, é um processo desgastante. Isso pode ser constatado tanto no momento de se escrever um bilhete, um ofício, responder uma prova na escola ou universidade, bem como, para um grupo mais reduzido, no precioso tempo gasto para elaborar uma monografia, dissertação ou tese, nos cursos de pós-graduação. Investigar quais são e tentar superar os empecilhos que se interpõem entre o aluno, o professor, a população em geral e este precioso meio de comunicação ou, em outras palavras, descobrir, de um lado, quais são os pressupostos necessários para dominá-lo e, por outro, os mecanismos que bloqueiam uma manifestação mais espontânea do texto é um dos objetivos subjacentes a esta obra.

A partir de diferentes posicionamentos, sem comprometer a unidade do tema proposto, os diversos autores que participam desta coletânea focalizam essa problemática, fazendo diagnósticos, levantando hipóteses, propondo saídas. A obra certamente trará subsídios a todos aqueles que direta ou indiretamente se dedicam ao ensino da leitura e da escrita, seja na condição de professores alfabetizadores, seja na de professores de qualquer grau de ensino, desde que tenham a preocupação de contribuir para que seus alunos não só aprendam, mas apreendam o mundo, ou seja, nele se insiram de uma maneira crítica e criativa.

Neste sentido, a leitura do texto e do contexto, na nossa proposta, não aparecem dissociados.

****

Na apresentação do Volume I expusemos, de forma detalhada, o processo através do qual esta coletânea se transformou em realidade. Ao escrevê-la, fazíamos menção a uma *Jornada de leitura e redação*, desenvolvida na Universidade de Passo Fundo, RS, na metade da década de 80. Pois bem, desde então, as Jornadas vêm se sucedendo, cada vez contando com mais participantes em função da metodologia desenvolvida e empregada, que pode ser considerada um paradigma de como aproximar o escritor do leitor e provocar a necessidade de uma leitura mais critica e uma escrita mais criativa. Em função disto, como apresentação deste Segundo Volume, convidamos a Profª. Tânia M. K. Rösing, mentora principal e organizadora, junto com os seus colegas, das "Jornadas Literárias", a descrever a metodologia e divulgar alguns dados sobre as mesmas, já que os objetivos desta coletânea e das Jornadas convergem para o desafio à leitura crítica e escrita criativa.

O Organizador
Florianópolis, maio de 1997

Lucídio Bianchetti
É formado em Pedagogia, com habilitação em Orientação Profissional e especialização em Ensino de Ciências. É mestre em Educação pela PUC/RJ e doutor em História e Filosofia da Educação pela PUC/SP. Atuou no ensino fundamental e médio no Rio Grande do Sul e como professor universitário na UPF/RS e na UEM/PR. É professor adjunto de Ciências da Educação na UFSC, onde coordena o programa de pós-graduação em Educação. É autor de numerosos artigos publicados em revistas e livros, bem como organizador de diversas coletâneas.

SUMÁRIO

APRESENTAÇÃO

Esta coletânea, organizada pelo professor Lucídio Bianchetti, dá continuidade ao volume anterior, onde são apresentados textos de vários autores que escreveram sobre o processo de ler e escrever, partilhando as suas experiências na direção de uma melhor compreensão das relações entre a natureza da linguagem e o trabalho pedagógico.

O papel do processo de escrever na produção do conhecimento e na construção de um projeto de sociedade que visa democracia e justiça social é aqui aprofundado, indicando aos educadores várias pistas para o enriquecimento de seu trabalho pedagógico. É uma leitura significativa para todos aqueles que buscam responder ao desafio que combina uma compreensão crítica do processo de ler e escrever com possibilidade de uma ação cultural e pedagógica mais política e consistente.

Profª Leda Scheibe
UFSC

PREFÁCIO

Agem equivocadamente os profissionais organizadores de eventos, cuja finalidade consiste na promoção do encontro entre escritores e seu público, ou mesmo, na organização de congressos, seminários, jornadas com a presença de pesquisadores, de jornalistas, de críticos de arte, além de outros tantos especialistas com o objetivo precípuo de estimular a leitura de obras escritas por esses convidados, obras estas disponíveis no mercado editorial.

Colocar frente a frente escritor, pesquisador, jornalista, crítico de arte e o público pressupõe uma preparação anterior no intuito de suscitar o conhecimento da identidade do autor, explicitar seus referenciais, sejam eles teóricos ou emergentes de sua trajetória existencial, elementos estes contidos nos componentes textuais de cada produção escrita, reveladores de sua intencionalidade.

Configura-se de inconfundível importância o conhecimento desses referenciais que passam a constituir os fios com os quais compõe-se o tecido que se apresenta na forma de textos ficcionais, não ficcionais, técnico-científicos ou ainda metalingüísticos que se sobrepõem à linguagem de determinados escritos já referidos e que desejamos sejam divulgados. Torna-se mais estimulador aos leitores em geral, desde que leitores críticos, o desenvolvimento de um diálogo com uma produção escrita diferenciada - momento em que passam a interagir com uma tipologia textual capaz de desenvolver-lhes o prazer de ler e permitir-lhes a apreensão do processo de construção do significado de um texto numa perspectiva não somente cognitiva.

As práticas de leitura que vêm sendo desenvolvidas nas últimas décadas na escola, na biblioteca, na família, através das múltiplas ações de agentes culturais, não têm sido suficientemente consistentes na formação de leitores, considerando-se o contexto político social, histórico e econômico no qual estamos vivendo e a conseqüente competência de leitura que estamos visualizando.

É Ezequiel Silva (1995: 23) quem afirma:

> "O problema da leitura no contexto brasileiro deve ser colocado, figurativamente falando, em termos de uma lei-dura, isto é, em termos de um conjunto de restrições agudas que impede a fruição da leitura, do livro por milhões de leitores em potencial. É essa mesma lei-dura que vem colocar a leitura numa situação de crise, num reflexo de crises maiores presentes em nossa sociedade, onde estão presentes a injustiça, a desigualdade, a fome e a falta de liberdade e democracia. Neste contexto, torna-se muito fácil encontrar pessoas que não têm acesso à informação, aos diversos referenciais inscritos em diferentes tipos de livros."

Com maior intensidade nos últimos anos, têm sido criados obstáculos ao ingresso do público em geral no processo de aceleração histórico-tecnológica que se impõe à compreensão da complexidade que caracteriza a sociedade letrada na qual vivemos: desvalorização do professor pelas diferentes instâncias governamentais e pelos variados segmentos sociais; baixo (?!) poder aquisitivo dos profissionais da educação, da classe média (média? miserável ...), do povo em geral; despreparo dos bibliotecários para atender às novas perspectivas que determinam a transformação das bibliotecas neste final de século, ampliando a concepção de acervo e transformando o funcionamento desse espaço cultural; alienação das famílias relativamente ao seu compromisso com a preservação da cultura, com o aprimoramento da educação no Brasil independentemente da escola; distanciamento e/ou desconhecimento dos agentes culturais acerca da pluralidade cultural brasileira, cotejando-a no contexto dos demais países a partir de um ceticismo frente às manifestações populares e folclóricas que determinam a identidade plural do povo brasileiro. Tais obstáculos impedem não apenas a compreensão das manifestações peculiares à sociedade letrada em que vivemos, mas impedem fortemente a apreensão da natureza das diferentes linguagens a que estamos expostos diariamente por intermédio dos recursos de multimeios com os quais interagimos.

Reforça um dos aspectos dessa perspectiva o exemplo citado por Affonso Romano de Sant'anna (1996: 27)

> "... diga-se que a profissão de bibliotecário, enquanto guardião e manipulador da informação deve ser das mais valorizadas no próximo século. Ele será uma espécie de "engenheiro da informação" e não mais um simples guardião de livros, um catalogador ou um professor ou professora deslocados de sua profissão. O livro mudou enquanto objeto. Os prédios das bibliotecas mudaram enquanto espaço operacional. O papel da leitura na sociedade informatizada foi revalorizado. Os bibliotecários, enquanto "engenheiros da informação" com ampla formação humanística, têm que forçosamente mudar sua cabeça para estar à altura dos desafios do século XXI."

Essas primeiras reflexões têm norteado o processo de organização das Jornadas Literárias de Passo Fundo-RS, movimento cultural iniciado em nível regional, no ano de 1981, quando realizamos a *I Jornada Sul-Rio-Grandense de Literatura*, numa promoção do Instituto de Filosofia e Ciências Humanas da Universidade de Passo Fundo, através do Departamento de Letras.

Considerando que a nossa cidade está localizada a 300 Km de Porto Alegre e, na época, a programação cultural era centralizada na capital do Estado, não atingindo o interior nem na dimensão de "gotículas homeopáticas", estávamos desejosos de, ao menos, promover um diálogo mais íntimo entre os escritores sul-rio-grandenses e seu público leitor.

Com o intuito de viabilizar a realização da I Jornada, a ser realizada no mês de agosto de 1981, entramos em contato com o escritor Josué Guimarães, que passou a desenvolver o papel de porta-voz da Universidade de Passo Fundo junto aos demais escritores, especialmente atraído pela **metodologia** que iríamos desenvolver no semestre anterior à realização do evento. Organizamos postos de leitura das obras dos autores convidados Carlos Nejar, Josué Guimarães, Mário Quintana, Cyro Martins, Sérgio Caparelli, Moacyr Scliar, Antônio Carlos Rezende, Armindo Trevisan , reunindo professores de diferentes áreas do conhecimento, alunos de Letras, alguns estudantes de 2º grau para, num primeiro momento, lerem individualmente as obras selecionadas. Posteriormente, organizados em grupos multidisciplinares, chamados postos de leitura, realizaram círculos de leitura acerca do tema da obra e do estilo do autor sem o compromisso do rigor acadêmico de uma análise literária, mas envolvidos pelo prazer de iniciar um diálogo com esses autores. A pluralidade do grupo e a informalidade do processo de atribuição de sentido aos textos, a partir dos referenciais de cada leitor e dos olhares desses mesmos leitores direcionados à obra pelo viés das peculiaridades da área do conhecimento de que provinham, de seu nível instrucional, ou ainda de seus referenciais pessoais, ensejou uma dinâmica prazerosa e de grande interesse pelos textos de natureza ficcional selecionados.

O segundo momento do diálogo aconteceu quando mais de 750 pessoas acorreram à I Jornada, realizada no Salão de Atos do Campus II, participando intensiva e entusiasticamente das conferências, e o que é mais importante, desenvolvendo uma interlocução com cada autor em particular. Perguntas inteligentes revelavam o conhecimento das obras desses autores adquirido na leitura das mesmas e nas discussões sobre elas em cada posto de leitura.

Tal envolvimento com os textos causou surpresa entre os autores convidados, uma vez que estes perceberam a diferença marcante no diálogo com o público que lê e as perguntas desconexas, pouco ou nada pertinentes, elaboradas pelos participantes do evento que não lêem. Estes desejam ocupar a posição de interlocutores sem, no entanto, conhecer os textos, sem resgatar a intencionalidade dos mesmos e sem identificar as marcas de sua literariedade e do contexto em que foram produzidos.

O sucesso dessa I Jornada se deu não somente pelo grande número de participantes, mas, de modo especial, deveu-se à metodologia de leitura antecipada das obras, no período que passamos a designar PRÉ-JORNADA.

A partir daí, ampliamos o âmbito do evento que passou a ser nacional, e em 1983, realizamos a I Jornada Nacional de Literatura, quando participaram Antônio Callado, José Onofre, Otto Lara Rezende, Fernando Sabino, Orígenes Lessa, Millôr Fernandes, Lya Luft, Luiz Fernando Verissimo, Luis Antônio de Assis Brasil, coordenados por Josué Guimarães.

Entre os depoimentos dos escritores presentes podemos citar o de Otto Lara Rezende: (1991: 118)

> "Eu, aqui, me vejo atirado nesta situação que eu não esperava e até o próprio improviso que, vagamente, havia pensado em preparar. Mas a partir do momento em que vejo essa numerosa, colorida e entusiástica platéia com tantos rostos jovens e interessados, me pergunto: 'será que não estou vivendo um sonho? será que estou diante de uma obra de ficção da qual faço parte como personagem e não como um ser real?' Quando vejo essa verdadeira paisagem de ficção, me pergunto: como é que a esta altura da evolução humana, neste ano da graça de 1983, em Passo Fundo, ainda há esse tão espontâneo e tão rigoroso interesse pela literatura?"

Podemos lembrar também o depoimento de Antônio Callado a uma das rádios locais em 1983:

> "Esse é o maior público que já encontrei em minha vida para debater literatura. E isso me enche de alegria".

E ainda, o olhar criativo de Luis Fernando Verissimo sobre as Jornadas Literárias de Passo Fundo, transformado no depoimento registrado nos Anais:

> "É uma espécie de coliseu ao contrário em que as feras são atiradas aos cristãos - no caso as feras da literatura brasileira, entregues à curiosidade, ao escrutínio e à benevolência decididamente cristã de uma multidão. Que no fim, em vez da sua morte, pede o seu autógrafo. Não que estas Jornadas Literárias não sejam sérias. Coisas importantes são discutidas, depoimentos inéditos são registrados (muito do que está neste livro não foi dito em nenhum outro lugar, o seu valor histórico é imenso) e o encontro é enriquecedor tanto para o público quanto para os convidados. Mas o clima é de celebração. E o que se está celebrando é a literatura, o sortilégio do livro, o prazer da leitura e a rara oportunidade de escritor e leitor se enxergarem, e se ouvirem. Deste coliseu todos saem vivos. Aliás, mais vivos do que chegaram".

A história das Jornadas Literárias continuou: 1985, 1988, 1991, 1993, 1995, e a próxima, a ser realizada em 1997, já está sendo preparada.

Desejamos que o público que participou da última edição, em 1995, quando o evento foi realizado numa lona de circo para poder acolher os mais de 3.150 inscritos, em sua maioria esmagadora leitores das obras selecionadas para o diálogo com os autores convidados - Ignácio de Loyola Brandão, Arnaldo Jabor, Deonísio da Silva, Eric Nepomuceno, Mary e Eliardo França, Marcelo Carneiro Cunha, Ana Maria Clark Peres, Arnaldo Antunes, Décio Pignatari, José Castello, Fred Góes, Juarez Fonseca, Fábio Lucas, Voltaire Schiling, Maria Helena Werneck, Augusto Nunes, Bernardo Carvalho, Décio Freitas, José Clemente Pozenatto, Luis Fernando Verissimo, Sírio Possenti, Washington Benavides, Carlos Villagra Marçal, Héctor Yánover - nas atividades da PRÉ-JORNADA, agora realizadas em mais de 50 municípios do Rio Grande do Sul, atingindo inclusive municípios de Santa Catarina e do Paraná, possa continuar suas leituras preparatórias para participarem da VII Jornada Nacional de Literatura em 1997.

Esse depoimento, estimado leitor, comprova que o ato de ler constitui exemplo significativo de um processo de apreensão do conhecimento e da ampliação da cultura do público leitor, ao mesmo tempo que valoriza seus referenciais no processo de construção de sentido em que se constitui a leitura e viabiliza um processo mais competente de produção textual. Oportuniza, paralelamente, a cada leitor momentos de estímulo à escrita, revelando o ato de ler e suas implicações: ler o que? ler quanto?, ou seja, demonstra que qualidade e quantidade de leitura conduzem a uma produção textual escrita mais consistente, mais criativa, mais espontânea, mais crítica.

A experiência das Jornadas Literárias através da PRÉ-JORNADA que ora apresentamos como introdução ao II volume da obra TRAMA & TEXTO, idealizada competente e criativamente pelo Prof. Lucídio Bianchetti, cujo enfoque será direcionado a depoimentos acerca de ambiências de leitura, ou mesmo de experiências marcantes com o ato de ler, constitui a perspectiva do que se vive no interior sul-rio-grandense, mais especificamente na área de influência da Universidade de Passo Fundo. Urge que se sedimente uma política de leitura capaz de colaborar de forma decisiva no exercício da cidadania e na possibilidade de transformar a sociedade pelo viés da criticidade e da criatividade peculiares ao LEITOR.

Estamos desejosos de que o seu envolvimento com os textos que constituem esta obra possa estimular o surgimento de outros tantos no processo de reflexão acerca do binômio leitura-escrita.

As alternativas, portanto, que se nos apresentam como profissionais das Ciências Humanas e que têm reflexo em outras áreas do conhecimento conduzem a um único caminho - ler ou ler para escrever.

Profª Drª Tania Mariza Kuchenbecker Rösing

Passo Fundo, RS, janeiro de 1997.

Bibliografia

1. RÖSING, Tania Mariza Kuchenbecker & AGUIAR, Vera Teixeira de. *Jornadas Literárias: o prazer do diálogo entre autores e leitores* Passo Fundo: Gráfica e Editora da Universidade de Passo Fundo, 1991.

2. SANT'ANNA, Affonso Romano de. *Bibliotecas: desnível social e o desafio do século XXI.* Rio de Janeiro: Fundação Biblioteca Nacional, 1996.

3. SILVA, Ezequiel T. da. Leitura ou "Lei-Dura"?. *Leituras no Brasil - Antologia Comemorativa pelo 10º COLE.* Campinas, SP: Mercado de Letras, 1995.

POR QUE ESCREVO?

Frei Betto[1]

Esta é uma pergunta que eu mesmo me faço. E para a qual não tenho resposta exclusiva; ou, como diria Descartes, clara e distinta. Já escrevi 33 livros ao longo dos últimos 27 anos. Além de prosseguir no trabalho de textos longos, redijo dois artigos jornalísticos por semana. E...por que escrevo? Trago uma multiplicidade de hipóteses não excludentes.

Escrevo para construir minha própria identidade. Tivesse sido criado por lobos, será que eu me sentiria lobo no mundo? A identidade é também reflexo de um jogo de espelhos. Se pais e mestres me tivessem incutido que sou tapado para as letras, e não me restasse outra alternativa senão trabalhar no fundo de minas, talvez hoje - se houvesse sobrevivido - eu fosse um mineiro aposentado.

Minha experiência, porém, foi diferente. Os espelhos reluziram em outras direções. Já trazia em mim o fator filogenético. Meu pai escreve crônicas. Minha mãe publicou seis livros de culinária. O gato da casa não escreve; mas, pelo jeito, gosta de ler, a julgar pelo modo como se enrosca em jornais e revistas.

Veio, então, o fator ontogenético. Segundo ano primário, Grupo Escolar Barão do Rio Branco, Belo Horizonte. Dona Dercy Passos, que me ensinou o código alfabético, entra em classe sobraçando nossas composições. (Bonito: composição. Promove a escrita em nível de arte poética e musical). A professora indaga aos alunos: "Por que não fazem como o Carlos Alberto? Ele não pede aos pais para redigirem suas composições". A palavra elogiosa pinçou-me

1. Frei Dominicano, Escritor.

do anonimato, inflou o meu ego, trouxe-me um pouco mais de segurança na tarefa redacional.

Tornei-me ávido leitor. Monteiro Lobato, coleção "Terramarear", o Tesouro da Juventude. Não lia com a cabeça, e sim com os olhos. O texto se fazia espelho e eu via meu próprio rosto no lugar do perfil anônimo de autor. Mais do que o conteúdo, encantavam-me a sintaxe, o modo de construir uma oração, a força dos verbos, a riqueza das expressões, a magia de encontrar o vocábulo certo para o lugar exato.

Primeira série ginasial, colégio Dom Silvério, dos irmãos maristas, Belo Horizonte. Irmão José Henriques Pereira, professor de Português, aguarda-me à saída da aula. Chama-me à parte e sentencia: "Você só não será escritor se não quiser".

Escrevo para lapidar esteticamente as estranhas forças que emanam do meu inconsciente. Aos poucos, fui descobrindo que nada me dá mais prazer na vida do que escrever. Condenado a fazê-lo, sou candidato à prisão perpétua, desde que possa produzir meus textos. Aos candidatos a escritor, aconselho este critério: se consegue ser feliz sem escrever, talvez sua vocação seja outra. Um verdadeiro escritor jamais será feliz fora deste ofício.

Escrevo para ser feliz. Bartheanamente, para ter prazer. Sabor do saber. Tanto que, uma vez publicado, o texto já não me pertence. É como um filho que atingiu a maturidade e saiu de casa. Já não tenho domínio sobre ele. Ao contrário, são os leitores que passam a ter domínio sobre o autor. Nesse sentido, toda escritura é uma oblação, algo que se oferta aos outros. Oferenda narcísica de quem busca superar a devastação da morte. O texto eterniza o seu autor.

Escrevo também para sublimar minha pulsão e dar forma e voz à babel que me povoa interiormente. A literatura é o avesso da psicanálise. Quem vai para o divã é o leitor-analista. Deitado ou recostado, ouve nossas confidências, decifra nossos sonhos, desenha nosso perfil, apreende nossos anjos e demônios. Por isso, assim como os psicanalistas evitam relações de amizade com seus pacientes, prefiro manter-me distante dos leitores. Não sou a obra que faço. Ela é melhor e maior do que eu. No entanto, revela-me com uma transparência que jamais alcanço na conversa pessoal. Tenho medo do olhar canibal dos leitores, como se a minha pessoa pudesse corresponder às fantasias que forjam a partir da leitura de meus textos. Tenho medo também de minha própria fragilidade.

O texto tece o tecido de minha couraça. Com ele me visto, nele me abrigo e agasalho. É o meu ninho encantado. Privilegiado belvedere do qual contemplo o mundo. Dali posso ajustar as lentes do código alfabético para falar de religião e política, de artes e ciências, de amor e dor. Recrio o mundo. Por isso, escrever exige certo distanciamento.

Deveria haver mosteiros nas montanhas onde os escritores pudessem se refugiar para criar. Não posso exercer meu ofício têxtil cercado de interrupções, com telefonemas, idas e vindas, reuniões etc. Retiro-me para fazê-lo. Concordo com João Ubaldo Ribeiro quando afirma: "Escrever, para mim, é um ato íntimo, tão íntimo que não acerto escrever na frente de ninguém, a não ser em redação de jornal, que é como sauna, onde todo mundo está nu e não repara a nudez alheia" (*Folha de São Paulo* 19/4/92).

"No princípio era o Verbo...", proclama o prólogo do evangelho de João. No fim também o será. Verbo que se faz carne e cerne e, ainda assim, permanece impronunciável. Inominável. A palavra lavra e semeia, mas seus frutos nunca são inteiramente palatáveis. Polissêmico, verbo é mistério.

"Escrevo por vaidade", confessava o poeta Augusto Frederico Schmidt. Em geral, os escritores são insuportavelmente vaidosos. Tanto que chegam a criar academias literárias para se autoconcederem o título de "imortais". Ali, a maioria sobrevive às próprias obras. Qual o autor que não atribui ao que escreve uma importância superlativa? Se o livro não vira *best-seller* e não é elogiado pela crítica, o autor culpa o editor, a distribuidora, o preconceito da mídia, as "panelinhas" literárias das metrópoles. Ora, alguém conhece uma obra de indiscutível valor literário que tenha sido olvidada por ter sido impressa na gráfica do município de Caixa Prego? O que tem valor, cedo ou tarde, se impõe. O que não tem, ainda que catapultado às alturas pelos novos e milionários recursos mercadológicos, não perdura. O bom texto é aquele que deixa saudade na boca da alma. Vontade de lê-lo de novo.

Todo texto, entretanto, depende do contexto. Por isso, dois leitores têm diferentes apreciações do mesmo livro. Cada um lê a partir de seu contexto. A cabeça pensa onde os pés pisam. O contexto fornece a ótica que penetra mais ou menos na riqueza do texto. Um alemão tem mais condições de usufruir Goethe do que um brasileiro. Este, por sua vez, ganha do alemão na incursão pelos grandes sertões e veredas de Guimarães Rosa. De meu contexto leio o texto e extraio, para a minha vida, o pretexto.

Escrevo em computador. Quando busco um tratamento estético mais apurado, faço-o à mão. Hemingway escrevia de pé. Kipling, com tinta preta, em blocos de folhas azuis com margens brancas, feitos especialmente para ele. Henry James fazia esboço da cena por cena antes de iniciar um romance. Faulkner dizia "ouvir vozes". Dorothy Parker confessava: "Não consigo escrever cinco palavras sem que modifique sete". Escrever é cortar palavras e modificar frases.

Escrevo para ganhar dinheiro. Livro dá dinheiro como a loto: para uns poucos. Neste país de analfabetos, cujos alfabetizados não têm o hábito de leitura, e onde as pequenas tiragens editoriais encarecem o custo do produto, viver de direitos autorais é privilégio de um Jorge Amado e de um Paulo Coelho. Meu também, guardadas as proporções. Porque tenho muitos livros, destinados a diferentes segmentos de leitores e, como religioso e celibatário, um custo de vida relativamente reduzido. Tivesse família, seria difícil viver dos direitos autorais. Envio meus artigos semanais a cerca de vinte jornais e revistas. Só dois pagam. Os demais, nem os serviços de correio ou fax/telefone.

Escrevo, enfim, para extravasar meu "sentimento de mundo", na expressão de Drummond. Tentar dizer o indizível, descrever o mistério e exercer, como artista, minha vocação de clone de Deus. Só sei dizer o mundo através das palavras. Só sei apreender este peixe sutil e indomável - o real - através da escrita. É minha forma de oração.

Talvez, pela mesma razão, Deus tenha preferido a literatura para se expressar. Podia tê-lo feito pela pintura ou pela escultura. Podia ter esperado o cinema, a fotografia, a TV ou a cibernética. Não, escolheu o texto, a Bíblia.

Homem de fé, escrevo porque há algo de divino nesse ofício que desce às profundências do humano, tornando-as transcendentes.

Escrevo, enfim, porque não sei fazer outra coisa nem vejo motivo para deixar de fazê-lo.

Ainda assim, prossigo me perguntando: por que escrevo? E tenho ânsias de confessar que, no fundo, é para impedir que se cure a loucura que, por trás dessa aparente normalidade, me faz um homem embriagadoramente alucinado.

FREI BETTO

Fez curso de Jornalismo (Parcial), Filosofia, Teologia e Antropologia.

Em 1985 ganhou o *Prêmio Jabuti*, da Câmara Brasileira do Livro, graças à sua obra *Batismo de Sangue*, considerada o melhor livro de memórias do ano. No ano seguinte foi eleito "Intelectual do Ano de !986", pelos escritores brasileiros. Em 1987, ganhou o prêmio de Direitos Humanos da Fundação Bruno Kreisky, em Viena.

Atualmente trabalha como assessor da Pastoral Operária do ABC, das Comunidades Eclesiais de Base do Brasil e da Central de Movimentos Populares. Perito em educação popular, presta assessoria também a movimentos populares e sindicais. É membro da Fundação Sueca de Direitos Humanos e diretor da revista latino-americana *America Libere*.

Escreve para cerca de 20 jornais e revistas e tem mais de 30 livros publicados. Entre suas obras, destacam-se *Fidel e a religião*, *Batismo de Sangue*, *Cartas da Prisão*, *Essa Escola Chamada Vida* (com Paulo Freire), *Mística e Espiritualidade* (com Leonardo Boff), *O paraíso Perdido - nos bastidores do socialismo* e A *obra do Artista - uma visão holística do Universo*.

O ATO DE ESCREVER E AS MEMÓRIAS SÓCIO-GENÉTICAS

João Bosco Botelho[*]

O desvendar do corpo e o ato de escrever

Um dos aspectos mais intrigantes e, ao mesmo tempo, fascinantes, no estudo da neuropsicologia, é como ocorreu, no corpo, desde tempos imemoriais, o processo de adaptação que culminou no acervo, guarda e reprodução do conhecimento historicamente acumulado, através das linguagens oral e escrita.

Na realidade, o maior obstáculo do pesquisador continua sendo estabelecer, no método científico, as correlações entre a forma e a função no sistema nervoso central, em níveis macroscópico (órgão), microscópico (célula), ultramicroscópico (molécula), atômico e subatômico.

Dito de outro modo, se a observação empírica é suficiente para comprovar que o ser humano é capaz de falar e escrever, torna-se obrigatório a existência de áreas anátomo-funcionais, nos níveis acima mencionados, responsáveis por essas ações.

Os entraves aumentam na razão direta do avanço dos estudos na direção da menor estrutura. O desconhecimento fica mais denso a partir da molécula e, portanto, ainda muito distante da unidade massa-energia no interior do átomo, objetivo maior da investigação científica.

A convicção de um evoluir temporal impõe, de modo contundente, o estudo das mudanças corporais estendidas no tempo. Assim, sob a guarda da anatomia no nível macroscópico e da fisiologia do sistema nervoso central (SNC) humano, é possível ensaiar através da

* Professor do Departamento de Clínica Cirúrgica da Universidade Federal do Amazonas

paleopatologia, com razoável margem de acerto, a análise das impressões determinadas pelo cérebro dos hominídeos na face interna dos crânios fósseis.

As transformações sofridas na forma do sistema nervoso central (SNC), há milhares de anos, e, conseqüentemente, o modo como o órgão se mantinha em contato com os ossos do crânio estão também, sem qualquer dúvida, relacionadas com a atual capacidade de falar e de escrever.

Alguns antropólogos[1**] afirmam, hoje, que as moldagens endocranianas do *Pithecanthropus* (*Homo erectus* que viveu há 300.000 anos) evidenciam marcas das áreas identificadas na superfície cortical como responsáveis pela linguagem falada. Nesse sentido, é razoável pensar que esse antepassado humanóide já possuísse algum tipo de fala.

Os atos de falar e de escrever estão unidos em complexa ponte, envolvendo a maior parte do SNC com a vida de relação, principalmente certos segmentos do córtex, identificados com a capacidade de imaginar e representar a ficção, isto é, a coisa não percebida na materialidade espacial.

Admite-se a existência de um cérebro primitivo onde estariam escritas as memórias indispensáveis à sobrevivência da espécie[2]. A convicção dessa herança primitiva é apoiada em estudos da embriologia, capazes de afiançar a incrível semelhança na forma entre embriões de diferentes espécies, com até três semanas de vida intra-uterina. Essa similitude impôs o conhecido pressuposto: a ontogenia segue, em determinado tempo, a filogenia.

Um dos principais alicerces da ponte entre o passado muito antigo, contido no cérebro primitivo, oriundo da filogenia comum, e o cérebro atual, resultante do processo evolutivo, é a insubstituível polaridade entre a dor e o prazer[3].

Fugir da dor e buscar o prazer continua sendo a mais forte das ordens filogenéticas. Todos os animais, de qualquer espécie, organizam-se com o objetivo de evitar a dor de qualquer natureza e ativar, sempre que necessário, as fontes naturais produtoras de

[1**] Este número e os que seguem, referem-se a notas bibliográficas encontradas no final do texto.

prazer. Entre as mais importantes estão a sexualidade e os alimentos, ambos acompanhados das derivações simbólicas.

As contradições contidas nos dramas sociais, provocados pela luta em torno da sobrevivência dos antepassados humanóides, induziram, pouco a pouco, modificações na forma do corpo e, especificamente, na do SNC, ajustando as metas das novas funções.

Aceitar o prazer e recusar a dor parece ter sido um ponto comum de incontestável relevância no projeto da vida humana no planeta. Todo o corpo foi adaptado a essa determinante sócio-genética. Incontáveis terminações nervosas livres mantêm todas as estruturas corporais atentas à dor e ao prazer. Pode-se afirmar, sem receio de se estar cometendo um exagero, que a vida humana, nos moldes hoje aceitos como reais, não teria sido possível sem essa adaptação neurossensorial.

Acoplado à forma primitiva, como fruto do processo de humanização, formou-se, no SNC, o neocórtex, adicionando um ajuste entre o passado remoto e as emoções, atualizadas, pouco a pouco, na temporalidade da relações sociais.

O neocórtex é um conjunto heterogêneo de áreas encefálicas, relacionado com o comportamento emocional e, dessa forma, com a capacidade humana de reproduzir, também, o ato ficcional. Entre as suas estruturas mais importantes, estão tronco encefálico, hipotálamo, tálamo, área pré-frontal e sistema límbico.

Desde 1937, graças aos estudos de James Papez, ficou demonstrado que as emoções estão, na maior parte, relacionadas com as estruturas do sistema límbico, do hipotálamo e do tálamo, conhecido, posteriormente, como circuito de Papez.

Até hoje, não foi possível separar a linguagem emocional (choro, riso, gestos, postura corporal, a mímica do prazer e da dor, o olhar, etc.), com origem predominantemente límbida, da linguagem voluntária, cuidada no vocabulário, armazenado no neocórtex.

A cirurgia experimental evidenciou, definitivamente, a importância do sistema límbico nas emoções. Após a retirada cirúrgica bilateral da parte anterior dos lobos temporais em macacos Rhesus, lesando hipocampo, giro parahipocampal e corpo amigdalóide, os animais modificaram o comportamento nos seguintes pontos:

1. a agressividade foi substituída pela passividade;
2. alimentos antes recusados passaram a ser aceitos;
3. a capacidade de reconhecer objetos, como ferro em brasa, e outros animais, como escorpiões e cobras, antes determinantes de dor física e medo, deixou de existir;
4. a atividade oral aumentou, fazendo com que os macacos levassem todos os objetos à boca, mesmo aqueles que poderiam causar a morte;
5. a atividade sexual aumentou desordenamente, levando os animais a tentarem o ato sexual com parceiros de outras espécies e a se masturbarem continuamente.

Fora da conhecida conjunção genética, sem que saibamos porquê, a lateralização funcional dos hemisférios cerebrais indica o esquerdo, nos indivíduos destros, como o predominante na linguagem e no controle da atividade gestual proposital.

O hemisfério cerebral direito é o responsável pela apreensão visuoespacial, pelas atividades musicais e pelo reconhecimento da forma fisionômica. Assim, esse hemisfério identifica e classifica o objeto através da análise da forma, sem que o seu nome necessite ser expresso na linguagem oral ou na palavra escrita.

Nos primatas, a vocalização se organiza na face interna do lobo frontal. No rastro da ontogênese, esse controle se torna, gradualmente, mais complexo, sendo possível determinar na convexidade do córtex frontal humano uma área especializada que mantém conexões sinápticas. (no sentido crânio-caudal, no nível rinencefálico, reticular peduncular, bulbo e órgãos fonadores).

Graças a essa interligação, entre outras determinantes, os humanos são capazes de reagir, seletivamente, ao sinal emitido pelos semelhantes e reproduzir, pela imitação, a mensagem ouvida.

Como seqüência, as linguagens oral e escrita guardam em suas origens a profunda marca da vida afetiva, na qual as emoções sentidas ou ficcionadas são armazenados numa memória, infelizmente escondida nas dimensões molecular e atômico-corpuscular.

Um dos produtos finais da interligação das estruturas cerebrais com a vida vivida é reproduzida na consciência de si mesmo, impondo aos homens a incrível condição de depositários e herdeiros das gerações anteriores, transmitida, inicialmente, pela oralidade e, depois, pela linguagem escrita.

A maior parte dos pesquisadores concorda que a linguagem, para se manifestar, estabelece estreitas correlações sinápticas em todo o encéfalo, passando pelo neocórtex associático, com o objetivo de manter ativa a percepção do circundante e a expressão das emoções vividas na interpretação do ato apreendido.

Na dimensão macroscópica (órgão), os pontos cerebrais em torno dos quais se organiza a linguagem são a área de Broca, a área motora responsável pelo controle fonético da expressão, e a zona de Heschl, de natureza receptiva, onde a mensagem é decodificada.

Os dois hemisférios cerebrais não participam, igualmente, desse complicado mecanismo neurofisiológico. A dominância do esquerdo, como nas atividades manuais, é programado geneticamente. Por outro lado, sabe-se que o hemisfério cerebral direito não é desprovido de função lingüística. Apesar de não ter acesso à palavra, é capaz de manter a informação em torno de frases curtas e pode decifrar a linguagem escrita.

Sem que possamos estabelecer as causas, o hemisfério direito, mesmo anatômico e funcionalmente menos adaptado para exercer o domínio da linguagem, poderá substituir o esquerdo, no caso de uma lesão irreversível, antes da idade de cinco anos.

Talvez essa similitude, escondida na forma e trazida à tona na necessidade da função suprimida por causas não congênitas, esteja relacionada com certos aspectos moduladores do discurso em que interagem os dois hemisférios cerebrais, traduzidos na linguagem escrita com os advérbios e as locuções exprimindo reserva e na acentuação.

Do mesmo modo, é razoável supor, mesmo não sendo ainda possível realizar demonstração em laboratório, que o processo evolutivo determinou também modificações fundamentais nas células e nas moléculas, capazes de ajustar as funções cerebrais às necessidades sociais.

Essa afirmativa é incisiva e incontestável em outras partes do corpo. Por exemplo, a diminuição gradativa da arcada dentária em função do menor uso do esforço mastigatório. A partir do uso do fogo[4], mais ou menos em torno de trezentos mil anos, ocorreu um conjunto de fatores, incluindo o cozimento dos alimentos, tornando-os mais macios, ocasionando a redução da potência da musculatura mastigatória e, em conseqüência, do tamanho e número de dentes eruptos na maturidade. Essa seria uma explicação dos terceiros molares permanecerem inclusos.

Infelizmente, a maior parte do SNC permanece desconhecida em nível molecular e dificulta o estudo nos moldes do método experimental.

É inconcebível pensar que o ato de escrever esteja ligado somente às trocas metabólicas físico-químicas, no nível biológico-molecular, ou na exclusiva origem social.

É tempo de interagir a natureza, o social e a História com a genética. A força mental que impulsiona a repetição e molda a ficção é muito forte para ser exclusivamente sócio-cultural.

O conjunto das reações neuroquímicas, ligando o ser ao objeto, só é consolidado nas mentalidades, memorizado e reproduzido quando elaborado em estreita consonância com as necessidades pessoais e coletivas, requeridas no processo societário.

O ser é biológico e social; ele não existe sem as relações de trocas e essas não seriam possíveis sem ele. Logo, todas as ações por ele apreendidas, inclusive a escrita, também seguem o mesmo concatenamento.

As análises históricas, pretendendo compreender e transformar a sociedade, e as teorias pedagógicas, desprezando um dos componentes extrínsecos (a natureza, o social e a História) e o intrínseco (a genética), têm pouca possibilidade de resistir à crítica.

Por outro lado, os indicadores mostram que todas as teorias, pretendendo desvendar os mistérios da vida de relação - nas quais estão incluídas as que tratam da fantástica capacidade de escrever - valorizando a natureza humana pendular entre o objetivo e o subjetivo, contida nos determinantes intrínsecos e extrínsecos, acima citados, oferecem maior possibilidade de acerto.

Entretanto, o conjunto formador que gera a ação apreendida não se dá sobre o nada. As estruturas nervosas, centrais e periféricas, responsáveis pela intercomunicação entre a memória, a linguagem, os sentidos e o social ligam-se ao córtex cerebral através de bilhões de sinapses. É a prisão mental de cada um. É a jarra de Pandora de onde já saiu, na oralidade, e continuará brotando, na linguagem escrita, todos os infortúnios e todas as esperanças da humanidade.

A vida de relação, registrada no ato de escrever, está sob o constante crivo neurológico-funcional. Não existe qualquer dúvida das conjunções anatômicas e funcionais, unindo, como gêmeos xifópagos, a forma e a função, mesmo que até hoje não estejam bem explicadas.

Entretanto, estão identificados, pela cirurgia experimental, alguns centros neurológicos específicos relacionados com o comportamento emocional. Quando estimulados artificialmente por corrente elétrica, nos animais de laboratório, são capazes de os impelir às expressões de sono, agressividade e medo ou fazer o animal assumir posição de cópula ou de choro.

Há de existir algum tipo de coerência funcional em nível celular, molecular e em dimensões ainda menores, na conjunção massa-energia que se dá no interior do átomo, ligando o ser ao objeto, transcrito no ato de escrever.

Logo, a capacidade individual para sentir e expressar as emoções, nas linguagens, nasceriam como conseqüência das relações biológico-sociais.

Vez por outra, o lento desvendar avança, apoiado no estudo dos achados acidentais. Foram descritos dois casos clínicos, na literatura especializada, relacionados com os núcleos cerebrais da linguagem, atendidos por pesquisadores da Universidade de Maryland, nos Estados Unidos, e do Hospital Maggiore, Bolonha, na Itália.

No primeiro, um homem com 62 anos, depois de sofrer um derrame cerebral, não conseguiu mais escrever as vogais; as palavras eram escritas em perfeita simetria com o pensamento expresso oralmente, porém só com as consoantes. O paciente não conseguia simbolizar as cinco letras. Não resta mais dúvida de que a escolha dos caracteres, para compor a linguagem escrita, está contida num segmento específico do cérebro.

O segundo relato diz respeito ao paciente do sexo masculino, 32 anos, norte-americano, que, depois de ser acometido por acidente vascular cerebral, perdeu a familiaridade com o inglês, sua língua materna, e passou a acrescentar vogais às palavras, resultando num sotaque escandinavo. A cura do distúrbio deu-se na medida da recuperação da área cerebral danificada pela isquemia.

É precisamente nessa convergência entre o físico, presente na estrutura celular, e o crivo do genético-social, dando forma à função, que ocorre a maravilhosa e intrigante materialidade da idéia invisível, capaz de nominar, desvendar, criar e transformar o objeto.

Por essa razão, não existe discurso sem a linguagem impregnada do saber acumulado historicamente[5]. No contexto da multidisciplinaridade, as gramáticas são, na essência, ideológicas, porque expressam um tipo de posse do real e as características pessoais que marcam, profundamente, nos corpos os prazeres e as dores sentidos e imaginados.

Por essa razão, a busca da verdade opera-se no conflito entre o objetivo e o subjetivo (de certa forma, confundindo-se com o sagrado e o profano), refletindo o estado da coisa numa determinada temporalidade. A variante do tempo se impõe por estar contida na essência que torna perceptível a forma e a função do ser vivente.

O objetivo primário da ação neurológico-motora (a idéia seguida do movimento do corpo), motivada pela mensagem atávico-social, responde, por si mesmo, ao mais fundamental sentimento mantenedor da sobrevivência: a cooperação unindo os grupos para fugir à dor e desfrutar do maior prazer. Algo que poderia ser chamado de crítica da proteção pura.

Todos os seres vivos, sem exceção, desejam o abrigo protetor. Não se trata, exclusivamente, do viver. O morrer pode representar, em certos instantes, o ato cooperativo dominante e, nesse caso, a morte representará a proteção pura.

O anseio para compreender as diferenças entre o constatado pelos sentidos (objetivo) e o imaginado extra-sensorial (subjetivo) propiciou interdependência muito forte entre elas. Em certas etapas do processo, é impossível saber onde começa uma e termina a outra.

Não existiram partidas independentes. A realidade vivida pelos humanos com os outros animais, dividindo o meio ambiente comum, contribuiu para fortalecer profundas imitações simbólicas, presentes na consciência coletiva como marcas profundas do tempo passado.

Muitos inventos e expressões estéticas, no passado e no presente, projetados pelo aprimoramento da técnica, acabam sendo facilmente identificados no meio comum partilhado.

O ímpeto para reproduzir os elementos visíveis, tirando deles a utilidade para sustentar o conforto (aqui compreendido como a fome e a sede saciadas, o alívio da dor e o abrigo contra o frio e o calor), influenciou as primeiras interações entre o pensamento, o ato e o social.

O fato dos nossos ancestrais longínquos terem aprimorado as cópias do perceptível na natureza circundante[6], animais e coisas, nos abrigos das cavernas, representa a certeza da profunda coerência entre a forma e a função no corpo.

As memórias sócio-genéticas[3]

Apesar de os estudos da anátomo-fisiologia terem desvendado alguns aspectos importantes da forma e da função do SNC relacionados com as linguagens oral e escrita, estamos longe, muito longe de compreender a maior parte das dúvidas.

A principal barreira é a fantástica multiplicidade das formas, no ser vivente, gerando funções semelhantes. Apesar de os homens e as mulheres possuírem áreas anátomo-funcionais semelhantes, relacionadas com a linguagem, jamais se expressam igualmente.

As maneiras de articular as palavras, formando as frases e as idéias ficcionais são infinitas. Cada ser humano possui, como produto da interação genético-social, a própria marca na linguagem utilizada. Apesar de a gramática ser finita, a língua gerada por ela é incomensurável.

O produto final das linguagens oral e escrita é, conseqüentemente, um dos vetores que modulam os componentes extrínsecos (a natureza, o social e a História) e os intrínsecos (os padrões genéticos herdados na reprodução sexuada).

O estudo das mentalidades, em diferentes períodos, mostra um histórico repetir coletivo, a partir da ordem vinda de um ponto perdido na escala filogenética, atrás dos anseios fundamentais ditados por uma categoria nominada neste ensaio de *memória sócio-genética* (MSG). É traduzida na vida de relação, desde os tempos imemoriais, na liberdade para buscar, mais e mais, o conforto físico e emocional (aqui compreendido como a liberdade de ir e vir, de falar, de explorar e, sobretudo, a sede e a fome saciadas, o abrigo do calor e do frio) nunca resolvidos para a maior parte da humanidade.

Todos fogem da dor e procuram o prazer. A polaridade entre o conforto e o desconforto, sentido no corpo, são as chaves acionadoras da MSG. Todas as relações pessoais e com a natureza, com ou sem ajuda da técnica, que resultem prazerosas são acatadas, sem esforço, pela maioria. Sempre que a ordem social insiste em limitá-las, ocorre resistência. A rebeldia contra o sexo limitado e seus símbolos, em todas as variáveis, o alimento escasso e a incrível sedução pelas drogas proibidas são partes importantes do mesmo universo.

A constância transmitida aos descendentes, pela reprodução sexuada, dos pontos comuns das memórias sócio-genéticas pessoais forma a *memória sócio-genética coletiva* (MSGC), contida no cérebro primitivo, herança do traço filogenético comum.

Com reserva por ser mais abrangente e estar contida numa base anátomo-funcional, a MSGC pode englobar a categoria junguiana do inconsciente coletivo.

As mensagens escritas ou orais, estruturadas na ambigüidade objetivo-subjetivo ou, sob certas leituras, do sagrado-profano, trazendo a esperança (não é necessário a certeza, basta o leve indicativo da possibilidade) de amenizar a dor e o sofrimento, são sempre bem aceitas e festejadas pela MSGC. Os acontecimentos no Leste europeu entre 1989 e 1992 são adequados para avaliar quanto o poder político age, sem obter êxito, sobre a informação consentida, tentando mudar a MSGC[7].

Nenhum poder ordenador amparado pela força explícita conseguiu conter, apesar da brutal repressão nos porões da intolerância de todos os matizes, a expressão clara da MSGC, oriunda dos tempos arcaicos, ativada pelo choque das idéias.

O estudo dos regimes autoritários, em todos os tempos, mostra a ordem mais forte criando, pela ficção, alternativas para influenciar e manter, pela coação, o pensamento idêntico.

A diversidade manifestada na linguagem através da interpretação do subjetivo é a primeira grande vítima. Os discordantes são perseguidos pela implacável caça ao dissidente[8]. Considerados loucos, os corpos perdem o valor de identidade, e o confinamento compulsório, sob a guarda do poder, retira-os da cena.

Nada mais esclarecedor do que o politicamente correto[9], guiando a conduta da maioria, modificando a linguagem superficial e as atitudes, convencida da verdade na nova postura.

A capacidade de convencimento, fazendo parte da idéia institucionalizada, assenta-se, sobretudo, na história das representações, das ideologias e das mentalidades constituídas a partir do saber acumulado e sobre ele[9]. Por essa razão, continua muito significativa, junto às massas populares, a sedução exercida pelos políticos, prometendo maior conforto.

Os saberes pós-industriais, baseados nos pressupostos da racionalidade, aqueles considerados durante longo tempo como garantia de progresso e abandonados depois de Auschwitz, Hiroxima e das denúncias acerca dos porões da intolerância das ditaduras de direita e de esquerda, não são mais capazes de negar o quanto o corpo sofre durante as emoções violentas.

O empenho do poder, ordenado para orientar a mudança, não obtém resultados quando toca, de modo inadequado, na memória das lembranças historicamente acumuladas. O medo da dor e do desconforto continuam tão fortes quanto os mecanismos subjetivos, criados pela ficção, para atenuá-los ou confundi-los.

As investidas político-ideológicas para remodelar o mundo, tentando suprimir as lembranças das MSGs, fracassaram. A História também mostra que nem a ameaça da morte coletiva é capaz de desestimular a resistência[10].

O ato de escrever acoplado à transformação tecnológica adaptou-se, continuamente, a esse querer coletivo: aumentar o conforto e afastar a dor.

Mesmo contestados pelas observações corriqueiras, muitos continuam resistindo à idéia da estreita dependência entre o subjetivo-emocional (o mundo das idéias) e o objetivo-biológico (o corpo).

É possível compreender, nesse ponto, a fantástica relação entre o ato de escrever com o nascer da consciência, diferenciando o cérebro da mente, traduzindo uma etapa significativa da corrente, entrelaçando a natureza, o social e a História nas MSGs.

Ao mesmo tempo, colocou o homem e a mulher numa condição singular e difícil: possuir a inteligência diferenciada e manter as mesmas características biológicas dos outros animais menos inteligentes, ligados no elo comum da filogênese. Enquanto procuram identificar-se entre si, baseados nesse pressuposto, têm a plena certeza de que, mesmo fabricando os artefatos mais sofisticados, também precisam eliminar os excrementos pelos orifícios do corpo, exatamente como o símio preso entre grades no zoológico.

A consciência da vida confortável atingida trouxe a inconformidade com o desprazer. Sendo mais inteligente, não poderia ter a mesma importância das bestas. Logo, é inaceitável uma morte nos moldes da dos outros animais. Tornou-se imperativo ficcionar o conforto também após a morte[11]. Mas não para todos. Somente os aliados e os concordantes com a ordem teriam um repouso perfeito depois da vida.

Nos tempos primordiais, as mudanças operadas no corpo, causando a angústia da deformidade dolorosa, eram as primeiras evitadas. A barriga eviscerada no acidente de caça ou nas disputas pela liderança ligava o consciente à dor e à morte e era parte do mundo temido.

O prazer, capaz de descontrair o músculo enrijecido, trazia sempre a lembrança do evento agradável. A estrutura dos neurônios foi continuamente adaptada para identificar, na MSG, a polaridade entre prazer e dor, como o caminho mantenedor da vida.

O castigo, necessariamente carregado de sofrimento doloroso, era imposto pelo homem ou pela divindade nos espaços sagrado e profano para gerar obediência. O medo, advindo da ameaça ou da dor física, passou a ser o limite de cada pessoa, expresso no alarma dos sentidos violentados, do permitido e do proibido.

O arcabouço da dor física na MSG, transposto para o sofrimento coletivo, moldou a dor histórica[12] na MSGC. A coesão do grupo atingido é reforçada ao identificar as causas e, assim, orientar, através das linguagens, o caminho para eliminá-la da ordem social.

A categoria denominada dor histórica é o grito humano pela vida, pela liberdade, pela saúde, pelo conforto, pela dignidade, pela paz e pela ruptura das correntes que prendem o homem à tirania dos outros homens e dos deuses.

É a razão pela qual sempre existiu a procura de uma ética na conduta humana, ligada à sobrevivência comum, registrada nos códigos de postura, presente no Código de Hammurabi e nos livros sagrados de todas as expressões de religiosidade.

O sagrado ficcionado[13] como mecanismo biológico moldando a forma com a função para compensar a dor, imponderável por si mesma, encontrou unissonância no brado dos espoliados em nome do território e do alimento negados.

Não é intenção simplificar processo de tamanha complexidade. A partir de determinada referência, impõe-se a crença numa memorização lenta e gradual, na qual as necessidades básicas para sobreviver desempenharam um papel fundamental.

A bioquímica da memória é um dos pontos mais angustiantes do saber acumulado, abriga a quase completa ignorância de como funciona o sistema nervoso humano. Contudo, as informações articuladas com o movimento social mostram a fascinante anatomia funcional no cérebro. A procura das soluções, há mais de quinhentos mil anos, para os problemas enfrentados pelos nossos ancestrais fez-se em etapas.

Os instrumentos foram aparecendo ao mesmo tempo em que ocorriam mudanças significativas no cérebro, identificadas nos crânios fósseis. Todavia, o avanço foi descontínuo. A arqueologia não deixa dúvida da coexistência entre formas diferentes de artesanato num mesmo período, ajudando a superar as novas dificuldades, impostas pelo aumento gradual das trocas com o meio circundante.

As primeiras evidências do surgimento das idéias estéticas e religiosas são encontradas no Paleolítico Superior. Apesar da impossibilidade de rastrear os sistemas religiosos na pré-história, antes de 10.000 anos, tudo indica que o homem, no Neolítico, comportava-se como o atual: dominava os mais fracos, modificava a natureza para obter o alimento, fugia da dor e da morte.

Inicialmente, foram atribuídos à divindade os anseios da vida. Como a escolha não satisfez as exigências da crítica e não ressoava no observável, iniciou-se a longa caminhada de conflitos para achar outras vertentes capazes de responder às indagações.

O exercício do poder dos representantes da divindade, os sacerdotes e as sacerdotisas, misto de curadores e adivinhos, impondo o castigo doloroso aos resistentes, resultou nos princípios da dinâmica social, na qual a coesão e a dissolução, em equilíbrio dinâmico, são dependentes, respectivamente, do predomínio do conforto e da dor, em determinado segmento da sociedade.

Os contestadores das autoridades dominadoras, compreendidos como agentes da dissolução ou pecadores, eram punidos com o pior dos castigos: a exclusão pela enfermidade, mensageira do sofrimento e da morte.

A linguagem oral, inicialmente, e, depois, a escrita retiraram a doença do mundo abstrato, que passou a ser nominada e evitada pela obediência obsequiosa.

A parte significativa da MSGC, ligada à sobrevivência comum, aperfeiçoada durante centenas de gerações, foi transcrita na passagem da oralidade para a escrita. Os adivinhos, encarregados de prever os malefícios mandados como castigo pelos homens ou pela divindade, assumiram um papel destacado no poder político.

Os livros sagrados, referência maior da ambigüidade sagrado/profana, são claros quanto ao destaque do curador e do adivinho no controle das mentalidades e na ordem do espaço ocupado.

A adivinhação e a cura sempre estiveram associadas ao mesmo universo de idéias. Elas impõem duas vertentes de abordagem: como atitude mental dos usuários, agente e cliente, e como instituição social. Não existem separadas; são associadas e dependentes.

A reprodução de um evento, exigindo conduta específica para mudar o cotidiano, só é consolidada se houver a prévia coerência com os registros memorizados. É exatamente o que acontece com a prática divinatória. Pouco importa a veracidade individual do ato. O peso da representação está no convencimento dos atores, amparados pela aceitação coletiva onde atuam.

De modo semelhante, o cientista, hoje, trabalhando no espaço profano, pode também mitificar a infalibilidade da ciência, adotando postura igual, com as mesmas implicações sócio-políticas operadas no espaço sagrado.

Os mais antigos registros escritos, feitos na Mesopotâmia, são contundentes. Os assírios e babilônicos entendiam o pecador como o rebelde possesso da antidivindade. Nos textos cuneiformes, as palavras sortilégio, malefício, pecado, doença, sofrimento aparecem como sinônimos[14].

O conflito gerado na convivência dos nossos ancestrais no espaço sagrado, onde a coisa seria engendrada pela divindade, e no espaço profano, com o predomínio do conhecimento empírico, determinou os rumos escolhidos.

A cultura grega antiga, notadamente a da época hipocrático-platônica, portou-se como o marco divisor da necessidade de distinguir a opinião do conhecimento[15]. Não bastava mais alguém achar, era imperativo acrescentar os argumentos demonstrativos da linha condutora do evento.

Naquela ocasião, foi mais bem delimitada a materialidade do espaço profano, onde iria florir, com maior vigor, os saberes para iniciar o moroso processo tentando desvendar o corpo e as coisas.

Com esse suporte epistemológico, os médicos gregos, particularmente os das Escolas Médicas de Cós e de Knido, começaram a usar a linguagem escrita para decompor a doença e retirá-la da primazia divina[16].

No livro **A doença sagrada**, escrito em torno do século IV a.C, atribuído a Hipócrates, essa questão está transparente: "*Quanto à doença que chamamos sagrada, eis aqui o que ela é: ela não me parece nem mais divina, nem mais sagrada que as outras: ela tem a mesma natureza que o resto das doenças e por origem as mesmas causas que cada uma delas.*"

A linguagem escrita, como a oral, está entrelaçada no conhecimento historicamente acumulado das MSGs. Por essa razão, os gregos hipocráticos foram buscar, nos elementos de Empédocles - terra, água, ar e fogo - a justificativa das mudanças determinadas pela doença no corpo.

O filósofo de Agrigento, pretendendo a renovação da imagem do mundo, fundamentou a sua teoria em concepções mais antigas que sustentavam, desde a oralidade, a importância do fogo, da terra, do ar e da água na sobrevivência do homem.

Como a doença e a morte são as duas instituições mais marcantes do universo cultural, nada mais sedutor do que a tarefa de desvendá-las para vencer a vontade divina sobre os corpos[17].

A teoria dos Quatro Humores, refletida nos elementos empedoclinianos, defendida pela escola de Cós, concebia o ser humano formado de quatro humores: sangüíneo (ar), fleumático (água), bilioso amarelo (fogo) e bilioso preto (terra). A saúde seria o resultado da perfeita harmonia entre eles e a doença apareceria, quando um deles prevalecesse sobre os outros[18].

Os jônicos, diversamente, admitiram muitos outros elementos interferindo na saúde. Os filósofos, notadamente o autor desconhecido de um dos mais célebres livros da antigüidade clássica, **Da natureza do homem,** recusavam-se a crer na esquemática regra da teoria dos quatro humores. Contudo, o mais compreensível, associado ao saber acumulado defendido pelos hipocráticos, acabou prevalecendo.

Os atos coletivos, empregados para modificar a realidade, têm de estar, obrigatoriamente, assentados em pressupostos teóricos ligados à MSGC. É no SNC que a forma e a função se completam, dando coerência ao ato apreendido. Quem está vendo a dor da fome estampada no rosto de penúria dos entes-queridos ou sentindo a ferida não cicatrizada, está sempre pronto para seguir qualquer proposta para finalizar o sofrimento.

O brutal mecanismo de convencer pela força, sempre utilizando o castigo doloroso, colocado em prática pelo cristianismo como religião do Estado a partir de Constantino, no século IV, não foi suficiente para apagar da memória coletiva o mundo sagrado oriundo dos tempos arcaicos. O povo continuava cultuando as festas equinociais e os deuses planetários metamorfoseados com a proposta de salvação cristã.

A alternativa para manter a unidade e seduzir os resistentes foi iniciar um claro movimento em torno do sincretismo, retomar a MSGC, mantendo na linguagem escrita o antigo sob nova roupagem.

Os deuses pagãos e cultos agrários da Trácia e da Frígia estavam entre os mais solicitados nos altares romanos. Foram os primeiros atingidos pelo lento processo de mudança gradual da imagem para receber outro nome.

As divindades, que até aí contribuíram para explicar a idéia e a morte, oriundas do universo mítico babilônico, egípcio e grego, foram, pouco a pouco, sendo substantivadas como antidivindades e aglutinadas no novo espaço, o inferno, adotado pela escatologia cristã, destinado aos transgressores e punidos.

A parte do povo, infelizmente a maioria, desde os tempos remotos alheia aos determinantes profundos do movimento mítico que fortalece a consciência social, tende a aceitar a verdade sempre do lado do vencedor.

Para o simplório copiador das tabelas dos arquivos, admirador incondicional da história escrita pelo vencedor, e para aqueles que manipulam as leis em benefício próprio, os homens e os deuses vencidos são mentirosos e condenados.

Os livros escritos pelos médicos professos do cristianismo foram adotados pelos doutores da Igreja como a nova verdade oficial. Podiam ser lidos, nunca questionados. A saúde e a doença, a vida e a morte, componentes essenciais do controle social, passaram para as mãos do Deus cristão.

O primeiro e mais importante deles, Cláudio Galeno, foi o continuador das idéias da escola de Cós. Durante toda a Idade Média e uma parte da Moderna, quem ousasse duvidar das teorias de Galeno, mesmo comprovando o disparate entre a afirmação e o observável, era considerado louco varrido. Os ensinamentos galenianos foram repassados, no mundo cristão, como uma verdade religiosa.

A repressão ideológica, patrocinada pela Igreja Católica com o objetivo de manter e reproduzir os princípios do médico romano, criou uma insanidade coletiva semelhante ao que aconteceu com os escritos de Karl Marx no Leste europeu e entre os intelectuais da esquerda latino-americana nas décadas de sessenta e setenta, ao defender seus princípios como verdades acabadas.

A paixão dos marxismos pós-Marx, fruto da leitura das orelhas dos livros de ciência política, ao enveredar pela mesma trilha dogmática, contribuiu para agravar a crise de subjetividade que acelerou a derrubada do Muro de Berlim. Alcançou os limites de insanidade quando afirmou ser o amor materno pela cria, um dos traços mais claros da filogenia, simples manifestação burguesa[19].

A primeira mudança de peso na abordagem das relações entre a forma e a função do SNC (um corte epistemológico na linguagem bachelariana) ocorreu vinte séculos depois dos estudos hipocráticos, na ilha de Cós, na Grécia. O estudo da micrologia de Marcelo Malpighi (1628-1694) iniciou o deslocamento da função dos humores hipocrático-galênicos para o interior da célula, trazendo a forma e função para o nível celular.

Novas perspectivas foram abertas pelo descortinar da microestrutura celular. A maior parte do ensino e da prática dos saberes da atualidade está estruturada no universo da microscopia.

Pouco mais de duzentos anos se passaram, desde o corte malpighiano, para que as relações entre a forma e a função alcançassem a estrutura molecular do genoma, no núcleo da célula (nível molecular).

As pioneiras publicações do frade dominicano Gregor Mendel (1822-1884), demonstrando a importância das características genéticas de certos vegetais, foram aplicadas na nova busca da origem do pensamento, nas moléculas do ADN.

Hoje, a crítica do observável mostra a inoperância das três teorias - humoral, celular e molecular. São frágeis e inconsistentes para explicar as dúvidas que persistem tanto no pensamento lógico quanto no ficcional expresso nas linguagens.

Na distonia entre o visível e o lido nos compêndios, está o pólo central das contradições do ato de escrever. A fraqueza do saber, avolumando as dúvidas nas dimensões extremas da matéria, oferece o suporte para a teoria das memórias sócio-genéticas.

Os anseios dos homens e das mulheres para reforçar o conforto, presentes na *memória sócio-genética coletiva* (MSGC), é um dos fatores que provocam o movimento social. Quando as idéias são desarmônicas com o anelo, nem mesmo os mais brutais meios de repressão conseguem mantê-lo ativo.

A História recente evidencia, com transparência, um desses momentos marcantes da resistência: o desmoronamento da ordem socialista, no Leste da Europa. Esses povos demonstraram que a insatisfação com os limites da idéia não é obstruída pela oferta generosa do trabalho, da moradia e da comida. A necessidade atávica para buscar o conforto está além, muito além, da fome contida. É mais um indício da extraordinária ordem em que se processa o pensamento coletivo, quando se trata da sobrevivência comum.

As idéias arcaicas, amparando a sobrevivência, foram armazenadas em algum lugar do cérebro como parte dos mecanismos cerebrais primários. A capacidade de reproduzir a idéia ficaria por conta das leituras, no sistema nervoso central, identificando a proposta como algo capaz de aprimorar o conforto.

A característica pessoal, única e intransferível, processada pelo córtex cerebral com a marca biológico-molecular nos genes, transmitida com a reprodução sexuada, ficaria dependente da experiência vivida no conjunto social. É como nascem e se reproduzem todos os saberes.

Apesar de a unidade ser mantida, teria traços comuns muito fortes. A dor e o desconforto seriam dois deles. Qualquer variável circunstancial, capaz de ser entendida pelo ser como sensação dolorosa, produziria resposta somático-neurológica imediata, buscando, na intimidade da memória acumulada, todos os mecanismos cerebrais para impedir ou atenuar o desconforto.

A dificuldade para moldar o pensamento coletivo, de acordo com a conveniência do poder, reside nessa barreira: é impossível encontrar duas estruturas biológicas exatamente iguais.

Por outro lado, quando o dominante compreende o valor dos registros genéticos, principalmente a subjetividade, nascido na ficção para suportar o desconforto e a dor, investe na conquista das mentalidades, através das linguagens oral e escrita, seduzindo a partir da valorização deles.

Existe uma inegável dificuldade para se ter acesso ao cérebro humano, não só porque se desconhece onde e como, mas também pelos limites impostos pela ética da pesquisa científica. Contudo, os casos clínicos de achado acidental são capazes de levar aos grandes progressos.

Os estudos desenvolvidos na Universidade Western, Ontário, sobre a consciência não manifesta (ou aparente descompasso entre o comportamento manifesto e a memória) são importantes para compreender a hipótese das MSGs[3,20].

A doente, estudada pelo grupo de pesquisadores no Canadá, tinha sofrido dano cerebral por intoxicação de monóxido de carbono.

Quando se recuperou, a seqüela neurológica ficou localizada próxima ao córtex visual primário. Os testes seguintes mostraram que era incapaz de identificar uma xícara de chá, todavia os movimentos para pegar a mesma xícara e levá-la à boca eram normais.

Esse tipo de comportamento alterado reforça a existência de, pelo menos, duas formas diversas do reconhecimento visual: uma dependente da percepção e a outra das funções motoras.

O outro relato significativo foi feito pelo psicólogo suíço Claparède, no início do século. As análises foram concluídas numa paciente portadora de severo distúrbio para assimilar os fatos recentes. Na entrevista, ao apertar a mão do entrevistador, teve a sua furada, intencionalmente, por um alfinete. No dia seguinte, ela não reconheceu ninguém, porém se recusou a repetir o gesto que provocou desconforto.

A parte ativa da consciência, alerta mesmo em situação psicótica à lembrança do desconforto da dor, está atada ferozmente aos laços genéticos e é, incomparavelmente, muito mais forte do que a banalidade motora de levantar um objeto.

Todas as tentativas de efetivar o controle social pelo poder dominador giram nesses dois pontos comuns e antagônicos: oferecer o prazer e a dor, respectivamente, como prêmio e castigo pela obediência.

Qualquer moção lembrando a possibilidade para atenuar a dor histórica e fortalecer a partilha igualitária, sentida pelas sucessivas gerações dos esfomeados de pão e de justiça, terá uma sedução irresistível ao resgatar os símbolos comuns da MSGC.

As teorias políticas e as práticas religiosas para interferir no curso do movimento social utilizaram, em maior ou menor escala, os seguintes pontos como variáveis dos remédios para sarar as dores e das fórmulas para aumentar o conforto:

1. promessa de prolongar a vida;
2. acesso à sociedade onde o trabalho é ameno, a comida é farta e a prática sexual é liberta das amarras da conduta;
3. a inconformidade com a morte antecipada pela doença, pela fome e pela injustiça;
4. um espaço sagrado (templo) ou profano (partido político) para defender a causa comum e julgar os resistentes;

5. aumento da proteção individual;
6. melhoria das situações temidas, causadoras de desconforto: a fome e o frio.

Algo muito poderoso se passou na intimidade da memória acumulada na espécie humana. Ainda não podendo afirmar que as idéias são transmitidas de modo semelhante às características físicas, resta-nos o êxtase do quanto fascinam os homens e as mulheres alegorias simbólicas que ligam o passado remoto ao presente vivido.

Por tudo isso, a escrita consolidou, nas mentalidades, o divino e a posse do território como os mais poderosos resultantes da ficção. Os dois ordenaram, no mundo objetivo, de acordo com a conveniência temporal do poder as duas mais importantes fontes de prazer: a sexualidade e o alimento.

O divino é, intrisicamente, forte e sem a sua ajuda não teria sido possível manter a atual ordem espacial, prevalente no mundo. Em qualquer hora, seria capaz de impor a dor e modificar a arqueologia do prazer contra todos os ritmos esperados da natureza. Os mortais, feitos à imagem e semelhança da divindade, são, ao mesmo tempo, os instrumentos e as vítimas. A dádiva ou o castigo divinos não ficam restritos somente à vida; prolongam-se após a morte. Dependendo da obediência aos preceitos, o renascimento será confortável ou aflitivo.

O Livro dos Mortos, conjunto de textos funerários gravados nas paredes da Pirâmide Real do antigo Egito, com origem no reinado de Unas (2345 a.C.), último rei da V dinastia, é composto de hinos e receitas mágicas para garantir o renascer protegido.

As obras de Platão[21], interpretando pensamentos muito mais antigos, espelho fiel das angústias existenciais não resolvidas, contribuíram para manter, no Ocidente cristianizado, o interesse especulativo sobre o sentido da vida, partindo do esperado depois da morte.

O cinema, como uma das expressões de arte mais significativas do nosso tempo, continuou o movimento e mostra o quanto é robusto, no inconsciente coletivo, a sedução para continuar vendo os matizes da dualidade prêmio/castigo na vida e na morte[22].

O controle social, imposto em diferentes momentos do processo de humanização, mesmo utilizando os recursos mais indignos da perseguição, do assassinato e do patrulhamento ideológico, não conseguiu remover das MSGs a resistência à inevitabilidade da morte.

O político, compreendido como o sucessor do intermediário da divindade, travestido dos antigos poderes de curar e adivinhar os males da sociedade, está inserido na coerência genético-social. A contínua penetração do seu poder espelha a força da MSGC na ordem social.

O avanço organizado para consolidar o cristianismo como religião universal foi muito bem estruturado em torno da doença como mal pessoal e social, interpretado a partir da leitura da Bíblia judaico-cristã. O mundo cristianizado está atado nesse registro arcaico da memória coletiva, alcançando todos, independente da condição sócio-econômica.

O cristianismo, ao contrário do rígido monoteísmo judaico, sobreviveu porque continua lembrando a metamorfose do politeísmo. Substituíram os antigos fetiches e amuletos pagãos pela água-benta, o sinal da cruz, as velas da Ascenção, as palmas do domingo de Ramos, os rosários, as medalhas, os santinhos colocados no pescoço.

A legitimidade da doença e do sofrimento como instrumentos de castigos e ameaças de dor, aperfeiçoados pela linguagem escrita, está inserida no exercício do poder.

Na crítica da proteção pura[3], a relatividade do tempo é reafirmada, à medida em que evidencia a fantástica coerência existencial entre o visível e o invisível.

O binômio tempo/espaço, fracionado unicamente pelo pensamento, é o começo, o meio e o fim da interação ajustada entre o ser e o objeto através das MSGs. Como unidade indissolúvel e inseparável, abriga e vivifica a diversidade das aspirações humanas arcaicas para viver sem dor e adiar a morte.

A posse do território e a divindade são as mais importantes ficções, trabalhadas ambígua e alternadamente no profano e no sagrado. A ordem social, desde o passado ágrafo, foi montada entre a terra, morada dos homens e das mulheres, e o céu, abrigo dos deuses.

Os sacerdotes e os políticos, travestidos de curadores e advinhos, como agentes das religiões e das ciências, continuam sendo os instrumentos legítimos, usados pelo poder, para imobilizar o tempo e separar os espaços com o objetivo de ordenar as mentalidades.

A competência do controle das sociedades está no modo como é tocada nas MSGs. É na entranha do corpo, nos limites desconhecidos da massa com a energia, no interior das células que o poder aperfeiçoa as ferramentas para moldar a estratégia de sedução, atualizando as projeções mentais muito antigas sobre as novas verdades e estimulando a cooperação.

O conflito das contradições, gerado pelo choque das idéias orais e escritas, é a única alternativa para afrouxar a dominação e o apagamento das MSGs.

Notas Bibliográficas

1. WELLS, Calvin. *Ossos, corpos e doenças.* Lisboa: Verbo, 1971, p. 148-55.

2. MACHADO, Angelo. *Neuroanatomia funcional.* Rio de Janeiro: Atheneu, 1894, p. 213-31.

3. BOTELHO, João Bosco. *Arqueologia do prazer.* Manaus: Metro Cúbico, 1993.

4. LEROI-GOURHAN, André. *Pré-história.* São Paulo: EDUSP, 1981..; Ibden. *As religiões da pré-história.* Lisboa, Ed. 70, 1985. p. 128-34.

5. PRIGOGINE, Ilya e STENGERS, Isabelle.*A nova aliança.* Brasília: Ed. Universidade de Brasília, 1984. p. 41. e SKIRBEKK, Gunnar. La rationalite scientifique comme destin. In: JANICAUD, Dominique.*Les pouvoirs de la science.* Paris, Librairie Philosophique J. Vrin, 1987. p. 95-108.

6. RIGAUD, Jean-Philippe, dir. Lascaux: premier chef d'oeuvre de l'humanite. *Les dossiersd'archeologie.* Paris, nº 152, sep. 1990; CALIFE, Jorge Luís. Escavações revelam astronomia pré-histórica na Bahia.*Jornal do Brasil.* Rio de Janeiro, 29 set. 1991: "Os homens que viveram em cavernas, há milhares de anos, conheciam muito bem o céu e usavam o movimento dos astros para medir o tempo."

7. FERVOR religioso ressurge entre os albaneses: após 24 anos de brutal perseguição à fé, igrejas e mesquitas reabrem e crucifixos são moda entre jovens. *Folha de São Paulo.* São Paulo, 9 set. 1991.

8. MISSA católica rompe 23 anos de proibição religiosa na Albânia.*Folha de São Paulo.* São Paulo, 17 nov. 1990: "Cerca de cinco mil católicos albaneses romperam 23 anos de banimento religioso, celebrando uma missa pública, informou ontem a rádio do Vaticano. Foi o primeiro serviço religioso na Albânia desde 1967, quando o então presidente, Enver Hoxha, decretou o ateísmo de Estado e fechou todas as 2179 mesquitas e igrejas do povo"; LALLY, Kathy. Pravda vai vender o ópio do povo: editora publica Bíblia para milhões na URSS.*Jornal do Brasil.* Rio de Janeiro, 11 ago. 1991: " Depois de mais de 70 anos de resistência, a Pravda, gigantesca e oficialíssima casa editorial do Partido Comunista, decidiu dar às massas o ópio do povo: planeja editar a Bíblia"; KGB diz ter matado quase 4

milhões sob Stalin. *Folha de São Paulo*. São Paulo, 22 jun. 1991: "O chefe do Comitê de Segurança do Estado - KGB, o serviço secreto soviético -, Vladimir Kriuchkov, afirmou que quase 4 milhões de pessoas foram mortas pelo órgão, na URSS, nas perseguições promovidas pelo ditador Josef Stalin (de 1924 a 1953)".

9. CHIARELLI, Brunetto. *Origem da sociabilidade e da cultura humana* Coimbra: Instituto de Antropologia da Universidade de Coimbra, 1984. p. 289-317

10. MANIFESTO do Partido Comunista. In: *Marx e Engels. Obras escolhidas*. Lisboa, Avante, 1982.v. 1. p. 123; NOEL, Francisco Luiz. Imagem que chora atrai multidões: há quase dois anos, romeiros veneram Nossa Senhora das Dores, em modesto distrito de Duas Barras.*Jornal do Brasil*. Rio de Janeiro, 26 dez. 1990; ASSIS, Jesus de Paula. Virada do ano agita mercado de profecias.*Folha de São Paulo*. São Paulo, 31 dez. 1990; FIÉIS pedem a Santa Rita até desbloqueio de suas poupanças.*Jornal do Brasil*. Rio de Janeiro, 23 mai. 1990.

11. O LIVRO dos mortos do antigo Egipto. Lisboa, Assírio & Alvim, 1991. p. 9; JUNG, C. G. *Psicologia da religião Ocidental e Oriental*. Petrópolis: Vozes, 1983. p. 3: "Antes de falar da religião, devo explicar o que entendo por este termo. Religião é - como diz o vocábulo latino*religere* - uma acurada e conscienciosa observação daquilo que Rudolf Otto acertadamente chamou de numinoso, isto é, uma existência ou um efeito dinâmico não causado por um ato arbitrário. Ao contrário, o efeito se apodera e domina o sujeito humano, mais sua vítima do que o seu criador"; CLOTTES, Jean. Le mobilier dans les sépultures néolithiques et chalcolithiques. *Histoire et archeologie*. Paris, n. 66, p. 68-77, set. 1982; LEROI-GOURHAN, André. Os caçadores da pré-história. Lisboa, Ed. 70, 1987 .p. 133-143; DEFLEUR, Alban; DUTOUR, Olivier. L'homme de Cro-Magnon enterre ses morts. *Les dossiers d'archeologie*, Paris, n. 161, p. 36-45, jun. 1991.

12. BOTELHO, João Bosco. *Medicina e religião: conflito de competência*. Manaus: Metro Cúbico, 1991. p .41-63.

13. ELIADE, Mircea. *O sagrado e o profano: a essência das religiões*. Lisboa: Ed. Livros do Brasil, s/d.p. 30 "O que nos interessa em primeiro lugar, é apresentar as dimensões específicas da experiência religiosa, salientar as suas diferenças com a experiência profana do Mundo."

14. LE GOFF, Jacques. Pecado. In: ENCICLOPÉDIA EINAUDI. Mythos/ logos. Sagrado/profano. Porto: Imprensa Nacional - Casa da Moeda, 1987.

15 .CORNFORD, F. M. *Principium sapientiae: as origens do pensamento filosófico grego*. 2. ed. Lisboa: Fundação Calouste Gulbenkian, 1981 .p. 49-70; JAEGER, Werner. *Paidéia*: a formação do homem grego. São Paulo: Martins Fontes, 1986 .p. 687.

16. DAREMBERG, C. H. *Oeuvres choisies d'Hippocrate*. Paris: Labe Éditeur, 1855. p. 625; PLATÃO. Sophiste ou de l'être. In:------.*Oeuvres complètes*. Bruges, Gallimard, Bibliothèque de la Pléiade, 969, v. 2. p. 296; ARISTOTE. *Métaphysique*. Paris: J. Vrin, 1991 .t. 1. p .31-7; RAMNOUX, Clémence. Los presocraticos. In: PARAIN, Brice, dir. *Historia de la filosofia*. Ed. Madri, Siglo Veintiuno, 1990 .p .30-2; JAEGER, Werner. Op.cit., p.714; GOUREVITCH, Danielle.*Le triangle hippocratique dans le monde gréco-romain*. Paris, École Française de Rome, 1984.p. 303-8.

17. CASTIGLIONI, Arturo. *Histoire de la médecine*. Paris: Payot, 1931. p. 171.

18. VERNANT, Jean-Pierre. Parole et signes muets. In: VERNANT, Jean-Pierre et all. *Divination et rationalité*. Paris: Seuil, 1974.p. 9-25.

19. BONALUME NETO, Ricardo. Para antropóloga, amor materno é mito burguês. *Folha de São Paulo*, 10 nov. 1989.

20. BOSCOV. Isabela. Caso único sugere sistemas paralelos de visão.*Folha de São Paulo*. São Paulo, 18 jan. 1991; DAMATO, Marcelo. Medo marca memória por vários caminhos: Teste feito com ratos mostra que o cérebro passa por vários processos para armazenar as emoções.*Folha de São Paulo*. São Paulo, 1 mai. 1992; PROBLEMA está na dissociação entre ações e memória. *Folha de São Paulo*. São Paulo, 18 de jan. 1991.

21. PLATÃO. La Republique. In: -------. *Oeuvres complètes*: Monaco, Gallimard, Bibliothèque de la Pléiade, 1969, v. 1.(509b, 518b, 532b e 534a).

22. AUGUSTO, Sergio. E as almas do outro mundo invadem a tela.*Folha de São Paulo*. São Paulo, 21 nov. 1990; KLOPPENBURG, Boaventura, dom. Reencarnação e doutrina cristã.*Jornal do Brasil*. Rio de Janeiro, 27 out. 1989: " A soteriologia auto-redentora do reencarcionismo se opõe de modo absoluto à soteriologia heterorredentora do cristianismo. Este é o ponto central na discussão teológica sobre a reencarnação. Segundo a teoria da reencarnação, a alma deve reencarnar por dois motivos: para expiar seus pecados cometidos em vida anterior e para progredir na escala da perfeição..."

JOÃO BOSCO BOTELHO

Fez curso de medicina na Universidade Federal do Rio de Janeiro, Doutorado e Pós-doutorado na Universidade de Paris VI e VII, respectivamente.

São de sua autoria os livros: *Medicina e Religião. Conflito de Competências e Arqueologia do prazer*, e, mais recentemente, o romance *Sedução*, todos editados pela editora Metro Cúbico de Manaus. É autor ainda de mais de 50 artigos, publicados em Revistas do país e exterior.

DA MASSIFICAÇÃO DA LEITURA À MASSIFICAÇÃO DA ESCRITA OU: DE COMO CARMEM MIRANDA, BACALHAUS, ABACAXIS E TEREZINHAS BAGUNÇARAM O CHÁ DAS 5 DA ACADEMIA BRASILEIRA DE LETRAS

Luiz Hermenegildo Fabiano[1]

"Escrever tornou-se para mim uma maldição, mas uma maldição que me salva" (Clarice Lispector)

Tempo de sedução

O que se pode dizer inicialmente é que o ato de ler se dá por um estado de sedução. O processo de escrita também! É um diálogo que se estabelece com aquilo que em todos nós nunca termina. Uma construção. Uma reconstrução. Isto é, um ato contínuo como a lírica e o arroz com feijão. Tensão como testemunha histórica do ritual de passagem entre as duas pontas do arco que se contraem, e esse ato nos lança velozes atravessando a existência. É nesse trajeto em que tresloucadamente buscamos tantos e diferentes alvos que lemos o mundo e digitamos nossa existência. Não escrevemos por acaso. Temos necessidade de nos deixar ao outro e essa é uma atividade eminentemente humana. Não temos apenas lembrança do outro, mas o sabemos lendo o que deixaram escrito. O homem não morre, pela escrita. Balzac morreu há mais de um século e existe tão

[1] Professor do Departamento de Fundamentos da Educação da Universidade Estadual de Maringá, PR. (UEM)

cotidianamente no mundo que não é possível livrar-nos dele. Enquanto existir o homem na sua relação com o homem em sociedade, Balzac não morrerá nunca! A escrita nos inscreve no mundo. Por assim dizer, é uma forma de Registro de Nascimento que nos apresenta a filiação com o passado, legaliza o presente e nos documenta no futuro. A escrita sintetiza o movimento dos homens através de sua história.

Tempo de Discussão

- "Quem não comunica se estrumbica!" [2]
- "Vocês querem bacalhau?"

Tomamos como desafio e objetivo neste texto discutir a interferência da Cultura de Massa* no imaginário do sujeito social, na forma como ele assimila e expressa o mundo. Isto é, de que forma o ler e o escrever se inserem num contexto cultural massificado que, por sua vez, contém determinações de um processo de expressão.

Antes, porém, façamos uma rápida consideração de como nos inserimos num processo cultural. Tomemos como referência a fala de Morin ao afirmar que:

[2] O enunciado acima era utilizado pelo apresentador de televisão Abelardo Barbosa, "O Chacrinha", no "Programa do Chacrinha", apresentado semanalmente no transcurso da sua produção, por várias emissoras de tevê desde a década de 70 e, finalmente, pela Rede Globo de Televisão até a morte do apresentador. O programa refletia bem o clima de aglomerado comunicacional que tomou conta dos meios de comunicação de massa no Brasil, concomitantemente instaurado no bojo ideológico da ditadura militar e no tão propalado "milagre econômico brasileiro". A expressão : "Quem não comunica se estrumbica" ganhou argumento em meio a "massa anônima" que enfim podia encontrar um meio de expressar-se, não importando o "como". O importante era o "comunicar", mesmo que através desse "comunicar" informava-se sub-repticiamente o exercício do silêncio ou da estandardização da fala para a submissão coletiva.

* Houvemos por bem manter a expressão Cultura de Massa, embora Max Horkheimer tenha feito restrições a ela preferindo utilizar o enunciado Indústria Cultural. É importante realçar, todavia, que com o termo, mantemos o conceito de uma cultura produzida com a finalidade de massificar os bens culturais, não numa dimensão de democratização cultural, mas muito pelo contrário, uma "cultura para as massas" com o fim de manipular e direcionar uma formação social segundo os interesses ideológicos dominantes.

> "... *uma cultura constitui um corpo complexo de normas, símbolos, mitos e imagens que penetram o indivíduo em sua intimidade, estruturam os instintos, orientam as emoções. Esta penetração se efetua seguindo trocas mentais de projeção e de identificação polarizadas nos símbolos, mitos e imagens da cultura como nas personalidades míticas ou reais que encarnam os valores (os ancestrais, os heróis, os deuses). Uma cultura fornece pontos de apoio imaginários à vida prática, pontos de apoio práticos à vida imaginária; ela alimenta o ser semi-real, semi-imaginário que cada um secreta no interior de si (sua alma), o ser semi-real, semi-imaginário que cada um secreta no exterior de si, e no qual se envolve (sua personalidade)"* (Morin, 1977:15)

Nesse sentido, a cultura de massa não escapa a tais processos, na medida em que ela mesma se constitui de "um corpo de símbolos, mitos e imagens concernentes à vida prática e à vida imaginária, um sistema de projeções e identificações específicas", como o demonstra o próprio Morin (1977).

Apesar de um certo olhar de viés dos intelectuais - do olhar culto e aristocrático - que relega a Cultura de Massa a um subproduto cultural, os seus elementos se espalharam por todo o globo. Os ***Mass Media***, como afirma Mcluhan, inseriram-nos numa "aldeia global". O homem se liga a uma fração de segundo com o que ocorre no universo social. Engolimos "toneladas de signos insustentáveis" como costuma afirmar Décio Pignatari.

O fato é que a Cultura de Massa, considerada como o novo ópio do povo e, portanto, desviando as massas de seus verdadeiros problemas, alienando-as da sua identidade cultural, homogeneiza conceitos, atitudes, padrões culturais e se impõe como objetividade integradora das mais diversas formas de expressão. Os sintagmas informacionais buscam uma perspectiva de consumo rápido e, portanto, integram num mesmo paradigma a variedade que busca atingir o consumo e não a informação propriamente dita.

O trágico e o grotesco se misturam: as crises econômicas e a moda da nova estação; violência e fome no mundo com a nova garota da capa da **Playboy**; o clima político e a subida do dólar com conteúdos literários melodramatizados ao gosto popular. Tudo num sincretismo tal, cuja capacidade discriminadora se esvai da ótica mental do receptor. O receptor comum não experiencia o que recebe — recebe. Shakespeare, Baudelaire, Fernando Pessoa, Sidney Sheldon, Moris West, Vivaldi, Mozart, Richard Cleiderman, Ray Connif, etc, etc e etecétera, são muitas vezes consumidos indiferenciadamente apenas como escritores, poetas, compositores. Diferenciados por um gosto particularizado quanto ao tema ou sonoridade, acabam sendo consumidos para o deleite dos sentidos embotados. Num lúmpen estético, há a homogeneidade do gosto que é estipulado pela própria estrutura social, em cuja organização econômica tal cultura viceja.

Quer dizer, sem adentrar a questões históricas da Cultura de Massa, é importante situar a sua organicidade no contexto da sociedade industrial. Há aí uma dialética, no sentido de que tanto ela é seu produto como reforça e reproduz a sua organização no sentido de que a conserva e a mantém. Nessa perspectiva é que a indústria cultural industrializa as emoções e estabelece uma espécie de cosmopolitismo dos gostos e das aspirações. Se, contudo, não concordamos que haja uma relação produção-consumo meramente mecanicista ou unilateral, há que se considerar, todavia, uma determinante consumista da Cultura de Massa que é exterior ao público e nele injeta pseudo-necessidades. O público - o grande público desse contexto - acaba sendo de certa forma uma resultante da lei da oferta e da procura - substância básica da sociedade capitalista.

A informação cultural, assimilada enquanto um bem de consumo, perde a sua dimensão transcendente de um pragmatismo utilitarista para horizontalizar a atuação dos indivíduos. O sujeito não se reconhece através daquilo que conhece. Ou seja:

> "*Confunde assim o fato de conhecer os problemas cotidianos com o fato de atuar sobre eles. Sua consciência social permanece imaculada. Está preocupado; está informado; tem toda sorte de idéias acerca do que deve ser feito. Mas depois de terminado seu jantar e após escutado seu programa de rádio predileto e depois de lido seu segundo jornal diário, já é hora de ir para cama*"(Merton, J. Lazarsfeld, 1977:115).

E qual é o consumidor dessa cultura? É, segundo a análise de Morin, o homem particularizado e universal. Fechado em seu individualismo, esse mesmo homem se liga a uma rede cosmopolita de informações do que acontece no mundo.

Há, portanto, a necessidade de se redefinir o saber ou o valor que a ele se atribui. A cultura de Massa, através dos ***Mass Media***, ao ampliar uma forma própria de saber, impôs limites aparentemente irreversíveis à concepção que se tinha de cultura superior. A indústria cultural se encarrega de transformar Ulisses, de Joyce, numa trama folhetinesca da "Novela das 8". E é bem provável que com sucesso comprovado pelo IBOPE! O gosto generalizado pelo *happy end* a tudo transforma num pacote estético capaz de agradar e render muito. A recepção imediatista da mensagem é largamente exigida pelo leitor/espectador e amplamente veiculada nos meios de comunicação de massa. O cinema lota a partir do bem sucedido sistema de marketing organizado pelo show *business* - na entrega do OSCAR - que direciona o gosto do público espectador. O fator de sucesso é a prioridade da ação fílmica bem elaborada em detrimento do diálogo plurívoco que emana da criação cinematográfica. O intimismo dos planos narrativos cedeu lugar a sensações tão plausíveis e digestivas, capazes de alimentar apenas adiposidades mentais. As emoções, as sensações e os lazeres são produzidos numa perspectiva comercializada: as lágrimas, os suspiros, os sorrisos, a convivência nos bares da moda, o passeio ao Shopping, compõem o Mercado Persa contemporâneo no qual é possível ser feliz pelo consumo. As benesses capitalistas acabam narcotizando as infelicidades latentes, propiciando ao sujeito um nível de subjetividade, segundo a sua capacidade de consumo.

Sem dúvida, não é delírio de Marx quando afirma que a produção cria o consumidor, o modo de consumo e um sujeito para o consumo. Aliás, apesar de ... vejamos como Marx se coloca a respeito:

> *"A produção não produz, pois unicamente o objeto do consumo, mas também o modo de consumo, ou seja, não só objetiva, como subjetivamente. Logo, a produção cria o consumidor - a produção não se limita a fornecer um objeto material à necessidade, fornece ainda uma necessidade ao objeto material"*(Marx, 1978:110).

Segue, ainda:

> "... *a produção não cria somente um objeto para o sujeito, mas também um sujeito para o objeto*(Idem, Ibidem).

Em suma, o processo básico da Cultura de Massa está aí: ela procede e funciona segundo as leis do mercado. O produto circulado pela Cultura de Massa é mercadoria. Mas é mercadoria de consumo rápido, sem uma fruição estética e/ou política mais substancial. O imediatismo com que tal produto é consumido não permite, ao sujeito que o consome, construir-se enquanto sujeito. Ao contrário, o sujeito-consumidor, nesse contexto, fragmenta-se na sua historicidade, perdendo assim a capacidade de reação coletiva. Isso, de certa maneira, poderia nos levar a entender um certo ar de perplexidade passiva que se engendrou na vontade humana na atualidade. Embora a contemporaneidade se corporifique por um dinamismo generalizado, há, por outro lado, e contraditoriamente, passividades, servilidades e as mais diversas formas de subserviência naquilo que historicamente é relativo no sistema social estabelecido e, portanto, passível de mudanças.

Nunca vivemos interligados por tantos meios de comunicação e tanta dificuldade de nos comunicar. Há que se levar em conta uma lei que a Teoria da Comunicação recupera da Termodinâmica: "*Para um máximo de comunicação há como resultante um mínimo de informação*". É nesse caminho que se pode entender as linguagens massificadas da atualidade. A sua conjuntura sígnica dá um componente amplo em termos comunicacionais, embora o nível informacional seja de baixo significado à medida em que aliena por uma estrutura meramente identificatória. A informação nesse sentido não tem uma perspectiva de transubstancialidade que vai além do constatável em busca de uma dialogicidade com o real. Ao contrário, a informação se dá amordaçada ao contexto ideológico consumista das leis do mercado. Isto é, a mensagem vem pronta e acabada, de fácil digestão mental para se evitar congestões sociais.

É, portanto, uma linguagem para o "*homem-criança que se encontra em todo homem curioso, gostando do jogo, do divertimento, do mito do conto*", como diria Morin[3]. Uma linguagem que infantiliza o cidadão e a Pátria.

E nesse processo de expressão cultural voltamos à epígrafe deste tópico: - *Quem não comunica se estrumbica!* Portanto, com que linguagem se comunica, hoje? Quem comunica e como se comunica? A partir da década de 60 e mais especificamente na de 70, no Brasil, concomitantemente ao "milagre econômico brasileiro", viu-se aflorar uma miríade de linguagens a correr as grandes artérias e vasos comunicantes no território brasileiro.

Do rádio à televisão, da popularização do refrigerador, da TV, do liquidificador, do sofá, do pirex, da Pick-up e do long-playing; da Vespa e do Wolkswagen ao pé na estrada e a desagregação da família; da irreverência conservadora da Jovem Guarda à irreverência política da Tropicália; da queima dos sutiãs à liberação sexual; do executivo de paletó e gravata e óculos escuros ao Jeca Tatu rumo à cidade grande; do vanguardismo arquitetônico de Brasília ao descaso do patrimônio histórico; da favela e inchaço urbano dos grandes centros à "dolce vitta" da Avenida Atlântica e da "bossa" de Ipanema; da ditadura militar às passeatas estudantis; do endividamento externo à safra de políticos de carreira; da moda alegre e jovial da C&A às alegrias domésticas das Lojas Americanas; da mansa brisa tropical tupiniquim, o Brasil saltita entre chips e bits informatizados.

Tudo se fez linguagem: uma linguagem em que os signos se estruturam em meio a uma tempestade de novos conceitos e diferentes influências. Uma linguagem que globaliza de tal forma a mensagem e oculta a definição de suas especificidades. O atraso histórico do processo de desenvolvimento brasileiro assiste nesse momento a uma avalanche informacional que salta aos borbotões e tudo se comunica em blocos, sem que o receptor se dê conta de discriminar a estandardização das mensagens.

O antológico "Programa do Chacrinha"[4], com seus bacalhaus, abacaxis, roupas exóticas, jurados, calouros e variedades musicais

[3] Edgar MORIN. *Cultura de massas no século XX o espírito do tempo 1*. Neurose. p. 4

[4] É evidente que não se está a negar os níveis de linguagem pautados por uma discriminação estética, política ou de resistência em meio a esse processo. A verdade é que discute-se, aqui, a força de comunicação que se impunha injetando no social uma modalidade de comunicação massificada que se generalizava e ganhava expressão nos mais diferentes pontos do país. É evidente, também, que nos meios acadêmicos já surgiam polêmicas e análises críticas sobre a Cultura de Massa; entretanto, o enfoque dado a esse texto não é

populares da época, sentencia o mote comunicacional: "*Quem não comunica se estrumbica!*" E esse sintagma reflete o processo de comunicação que pôs de "pernas pro ar" os níveis da informação que se deterioravam em detrimento da nova onda do "comunicar", não importando o **como** ou os **apesares**. A ditadura do "comunicar" ganhou destaque e deu direção nas formas do sentir-agir-pensar e do pensar-agir-sentir.

Não seria de mau tom citar, se não me equivoco na referência, o comentário de Décio Pignatari, buscando definir esse clima comunicativo como ... a "geléia geral":

Tempo de reflexão. Ou:
De como Sir Sidney Sheldon e seus cavaleiros errantes conquistaram o Grande Sertão: Veredas e venceram a Ulisses

Quando se discute atualmente a questão da leitura e da escrita, não se pode deixar de levar em conta as considerações feitas até aqui. É ingenuidade negar que todo esse contexto social, analisado anteriormente, não tenha uma cumplicidade no processo de leitura e da produção da escrita na atualidade. Há um reclamo geral no processo de ensino que vai desde o 2° ao 3° grau acusando as dificuldades de leitura e de escrita. A cada ano, os ingressantes nas Universidades brasileiras menos sabem o que lêem e mais se confundem no que expressam. É preciso até mesmo dizer que há falta de domínio da Língua Materna e, em certos casos, incapacidade de diálogo com o texto e as suas implicações contextuais. Constatação pessimista? Não! Realidade e desafio! Situação menos trágica se tomarmos o índice de leitores do país e do montante que lê , o que lê e como lê.

Sem dúvida, a contextualização que fizemos sobre Cultura de Massa e a dimensão dos ***Mass Media*** vai incidir diretamente nesse processo. É difícil definir hoje o véu tênue que divide tais influências

o de discutir teoricamente a produção cultural da Cultura de Massa e o seu modo de funcionamento, mas apresentar alguns dos seus princípios básicos que interferem nos processos de produção da leitura e da escrita.

entre quem ensina e quem aprende o processo de leitura e de escrita neste contexto. O que se observa é que as leituras de substância estética - com um alto valor estilístico e polissêmico - ganham o *status* de clássicas, de difícil entendimento e ficam reduzidas a feudos intelectuais ou permanecem eretas de sabedoria, rejeitadas nas estantes. O próprio ensino de Literatura existe nas escolas para se ensinar o que exatamente não é a literatura. Os textos aparecem com finalidade exclusivamente didática e muitas vezes descontextualizados, perdendo o senso de alteridade imanente ao processo da produção artística.

Há que se reconhecer, no entanto, que numa sociedade na qual se perdeu a perspectiva de educar o cidadão para servir e se reconhecer no outro e, portanto, condicionando-o à servilidade humana, ler com profundidade parece, de fato, um estranhamento. A leitura que causa diálogos internos para a recomposição de conceitos e/ou posturas existenciais na releitura do mundo é, na sua maioria, uma leitura praticamente desconhecida do grande público ou justificada por complexidades assimilativas, a ausência do seu exercício e desafio. E no contexto da Cultura de Massa, o mesmo ocorre com os demais signos estéticos como a pintura, os filmes de arte, a música etc. É quase como entender-se psicanaliticamente o enigma edipiano: "*o que me revela me ameaça*".

Há uma tendência generalizada (e não por acaso) por discursos estéticos de baixo teor informacional já que esses, ilusoriamente, respondem, confortam, aliviam, "esclarecem", mostram o centro do poder injusto, denunciam as mazelas do sistema, e informam o leitor sobre tudo o que lhe basta para não saber sobre nada. A perspectiva meramente identificatória de tais discursos fazem a catarse do leitor que, ao "estar informado", tem a sensação de conhecer e atuar mais conscientemente nas suas ações cotidianas. Ou no mais, uma leitura para o deleite e o descanso dos usos do corpo numa sociedade que descaracteriza a própria noção de corporeidade e de prazer [5].

Cotidianamente a palavra vem perdendo a sua força de representação e é dita de forma inconseqüente para ouvidos que a

[5] Referimo-nos aqui à massa que de uma forma ou outra ainda tem acesso à leitura e não à grande massa, distante desse processo que, por outro lado, lê (assimila) por olhos alheios e absortos "toneladas de signos insustentáveis" que atravessam suas retinas videotizadas ou seus tímpanos embotados pela programação radiofônica pasteurizada.

recebem aleatoriamente sem se dar conta dos interesses e apropriações ideológicas que dela se fazem. Já é possível até escrever, demonstrar, conceituar sem se ter precisão do que se escreve, demonstra e conceitua. A fala se sobrepôs e determina uma escritura muitas vezes anárquica (não no sentido estilístico) e sem apreensão da idéia correspondente. O senso comum domina o reino da expressão e se impõe na escrita ao sabor dos turbilhões mentais, sem um filtro que possa definir, muitas vezes concatenar com lógica e coerência o que reside no universo das idéias.

Reina a loquacidade e a compulsão para o dizer sem experienciar e traduzir o que é dito. Há uma coerção para o imediatismo de uma linguagem mal elaborada que é digerida no aqui e agora para evitar-se uma leitura mais conseqüente daquilo que se lê para ler o mundo. Aprende-se através de uma leitura e de uma escrita trivial a deseducar a retina e o gesto para o ver e agir no mundo.

Há um "noveau richismo" que tomou conta do processo comunicativo na atualidade. E nesse sentido as palavras assumem função meramente decorativa, perdendo a sua alma, a sua substância correspondente à realidade; a sua musculatura.

Nesse aspecto, os níveis de tensão da linguagem estetizada, pelos entre choques e solavancos que proporcionam num processo de comunicação massificado pela idolatria do estável são muitas vezes banalizados, quando não relegados, ao descaso pela complexidade informacional que apresentam. Tornam-se signos assimilados de forma autômata saboreados com um misto de ingenuidade e demência histórica. Não é por acaso que hoje se assiste a tantos imperativos comunicacionais massificados em meio a tanta subserviência utilitária.

Assim, o que medra nesse contexto é a atração por uma leitura e conseqüentemente uma escrita que não ameacem a estabilidade da submissão ou da ordem ideológica que a sustenta.

Para finalizar, que se rebobine o texto, sincronizando as principais considerações que fizemos sobre a Cultura de Massa. Percebe-se, portanto, porque Sir Sidney Sheldon e seus cavaleiros errantes conquistaram o reino e impuseram a Cruzada do Saber Massificado. Tal escritura é a própria expressão desse tipo de organização social em que os sentidos são embotados e as aspirações industrializadas pelo processo de produção. Não por acaso, essa literatura é também fabricada em série e não criada. A sua conjuntura sígnica oca se dá como produto com a finalidade de mercadorizar os sentidos e manter uma comunicação facilitada, cuja resultante é passear pelo real. A conjuntura sígnica, aí, não deixa de expressar os dramas humanos e as suas relações cotidianas. Mas o faz pelo identificatório, pelo eterno arquétipo do bem contra o mal e a punição dos vilões, pela ação narrativa que prioriza o meramente enredatiço. Não passa de um "talkative" literário que imita estruturas e se cristaliza enquanto modelo do exercício da trivialidade. A dimensão humana e social, expressa pela trama narrativa de tal escritura, carrega-se de signos estereotipados para acobertar a complexidade da existência humana nas relações que estabelece entre si mesma e com o mundo social que cria e no qual se insere. Em tal literatura, não ocorrem processos de ruptura, nem mesmo no processo criativo ou nos modelos ideológicos que impinge.

Isto é, tal escritura nega o próprio movimento da vida que rompe, irrompe e relativiza aquilo que historicamente o aburguesamento mental faz eternizar[6].

Por outro lado, há uma espécie de aversão por um tipo de escritura - teorema (como ousaríamos caracterizar) que apesar da sua suposta complexidade informacional - porque requer exercício mental - recompõe visões do mundo e faz ultrapassar limites da ingenuidade. Essa pa(lavra), que exige labor mental acaba se reduzindo a grupos de iniciados que supostamente fariam parte de uma cultura superior. O que se constata, embora não cabe aqui discutir, mas vale a pena dizer, é que a fruição estética e/ou o exercício mental - não é propriedade de eleitos. Aliás, é o bom gosto burguês quem soube muito bem atrair para si a seletividade do que consome. Afinal,

[6] Tomamos metonimicamente para discutir esta questão o autor Sidney Sheldon por ser mais conhecido e também um dos mais lidos e criticados , quando se busca caracterizar esse tipo de literatura trivial e massificada. Na verdade, a ironia com um certo tom de humor (vejo no leitor um certo sorrizinho cínico) que atribuímos a "Sir" e "cavaleiros errantes", nos reporta a toda uma produção de escrita que se enquadra nas discussões que alinhavamos acima. Infelizmente não vamos discutir - pelas delimitações do texto - os componentes da massificação noutros níveis do discurso, embora a forma que abordamos dá alguns elementos para entender os diferentes tipos de discurso em meio a essa produção cultural massificada.

chegado o tempo da "repartição das migalhas" como já havia constatado Marx, é sinal de que algures há banquetes! Dizer que a "massa" é limitada em termos de fruição estética é um conceito verdadeiro, mas não é toda a verdade. Subjugar a massa a mistificações e apiedar-se dos seus limites mentais com evangelhos medíocres é dar-lhe indulgência pelos séculos de inferno.

No entanto, a palavra que se exercita nesse contexto massificado é aquela que, homogeneizando sentimentos e ações, automatiza o indivíduo para o consumismo da informação que recebe. E assim, o imenso território lingüístico de **Grande Sertão: Veredas** ou as "viagens" de Ulisses no fundo do homem, que é o reconhecimento do homem na sua modernidade histórica por uma outra linguagem, são signos reveladores que acabam pairando na estratosfera da "grande arte", impedidos do colóquio com a humanidade do homem a qual se destinam. Entre essa palavra saturada de informação/revelação e a mesmidade trivial daquela, que redunda e cristaliza estruturas, vence a mesmidade trivial.

Esse exercício da mesmice é vivenciado até mesmo nos bancos escolares, justificando-se a sua prática pela complexidade que um texto responsavelmente criativo contém.

Por sua vez, o exercício que provoca e transcende a razão prática e neurótica, pois que desautomatiza os neurônios estandardizados, é relegado. Exercita-se o repetitivo, o lugar-comum, cuja resultante é a produção do cidadão ingênuo e infantilizado no reconhecimento da sua historicidade.

Esse contexto, a nosso ver, constitui um fator importante para se entender o processo de leitura e escrita na atualidade. Sem dúvida, tais elementos caracterizam formas de expressão tão descuidadas - e porque não alienadas - nas apreensões e produções textuais e até mesmo na fala quando se pensa em termos da educação dos sentidos. Bem o sabemos que o uso da palavra se presta a exercícios de dominação. Pode também prestar-se a um exercício oposto.

A palavra enquanto presentificação do real flagra e expressa contradições do social e nele incide, sintetizando e definindo novas práticas e necessidades que se corporificam em outras linguagens. Por nomear e definir realidades, ela dinamiza o que as ações humanas executam na sua materialidade histórica. A palavra está presente num determinado espaço histórico que é mantido ou naquele que se altera. O seu exercício pode, eventualmente, estar a serviço de um ou de outro ou presentificar as contradições que em ambos se revelam. Nesse aspecto, a palavra também se torna cúmplice da ação dos homens porque nela se entremeia, se contorce , se esconde e se revela: é vigia do tempo e nomeia a história que os homens constróem.

Assim, a palavra tornada arte em **Ulisses** de James Joyce, ou em **Grande Sertão: Veredas** de Guimarães Rosa, não é bela ou mágica por mero encantamento dos sentidos, mas porque é esteticamente responsável e necessária. É uma palavra que não trai o compromisso com a realidade da qual emana. Isso distingue a palavra que conflita, provoca, desestabiliza estados mentais e recompõe a ótica pela qual se introjeta o mundo, daquela que apenas conforta, conserva ou embala de encantos as misérias da servidão humana.

Talvez por isto, em algum momento da vida, o homem tenha criado a palavra poética: para não morrer.

Algumas considerações desnecessárias

Entre tantos meios e aparatos tecnológicos para ampliar e tornar mais eficiente o processo de comunicação, a palavra vem sofrendo um desgaste na sua substância informativa e uma certa displicência nos seus usos meramente pragmáticos.

A reaprendizagem dos usos da palavra, num nível social mais amplo, não é apenas um exercício mental ou um recurso de oratória, é, antes de tudo, uma capacidade de desvelar o que a realidade tem de real.

Quando a palavra perde a consistência de verdade na relação que estabelece com o objeto que nomeia, é a verdade que está em crise. Pode-se, portanto, entender porque se engana tanto com palavras travestidas de verdades.

As considerações que fizemos neste trabalho procuram apresentar um painel cultural (ou aspectos dele) que interfere tanto nas motivações de leitura como nas de produção de escrita. Sem dúvida (amainando um pouco o fôlego narcísico de quem defende um ponto de vista), a perspectiva massificada que tomou conta do universo cultural brasileiro tem subtraído interesses mais conseqüentes e incide decisivamente nos processos de leitura e de escrita. O destrato estilístico com que muitas vezes se expressam idéias através da escrita não pode ser visto apenas como uma resultante pessoal. Há todo um componente ideológico e um arcabouço cultural massificado que se deve levar em conta para se entender e atuar nesse processo.

Não se está em busca do "paraíso perdido", utopizando a comunicação ideal, mas há que se discutir - e muito - que essa linguagem massificada pela qual o homem se fala na atualidade, especialmente o homem comum, tem um componente ideológico de fazer as diferentes estratificações sociais desempenharem cada qual o seu papel, acima das contradições que as permeiam.

A leitura como a escrita estão na história, fazem a história, são a história. Tanto uma quanto a outra, quando negligenciadas, resultam numa visão e numa ação sem domínio dos seus rumos.

Os processos de massificação da linguagem instauram no sujeito social justamente o engodo da sua ação.

A palavra em si não é a realidade mesma a qual representa. É o seu manejo na busca de resgatar o movimento em que a realidade se dá que revela ao homem essa mesma realidade.

Se a palavra não é a única tradução desse caleidoscópio significativo que é o real, entre tantos gestos comunicativos, é preciso sabê-la intensa e viva, com "engenho e arte"[7], como diria Camões.

Ou ainda, ao final das contas, no que tange à leitura e à escrita, que se recupere uma vez mais Clarice Lispector quando revela que:

> "A palavra é o meu domínio sobre o mundo".

[7] Luís de CAMÕES. *Os Lusíadas*, canto I, V. 16.

Bibliografia

ADORNO, Theodor W. et al. *Teoria da cultura de massa.* Introdução, comentários e seleção de Luiz Costa Lima. 2 ed. Rio de Janeiro: Paz e Terra, 1978.

BAKHTIN, Mikail (Volochinov). *Marxismo e filosofia da linguagem.* São Paulo: Hucitec, 1981.

CALDAS, Waldeny. *A literatura da cultura de massa: uma análise sociológica.* São Paulo: Lua Nova, 1987.

FIORE, Quentin. *O meio são as massagens.* 5 ed. Rio de Janeiro: Record, s.d.

MCLUHAN, Marshall. *Os meios de comunicação como extensões do homem (understanding media).* 5 ed. São Paulo: Cultrix, s.d.

MARCUSE, Herbert. *A ideologia da sociedade industrial: o homem unidimensional.* 4 ed. Rio de Janeiro: Zahar Editores, 1973.

MARX, Karl. *Manuscritos econômico-filosóficos e outros textos,* seleção de textos de José Arthur Gianotti.2 ed. São Paulo: Abril Cultural, 1978.

MORIN, Edgar. *Cultura de massas no século XX: o espírito do tempo I.* Neurose . 4 ed. Rio de Janeiro: Forense Universitária, 1977.

PIGNATARI, Décio. *Semiótica e literatura: icônico e verbal - oriente e ocidente.* 2 ed. São Paulo: Cortez e Moraes, 1979.

WIENER, Norbert. *Cibernética e sociedade: o uso humano de seres humanos.* 5 ed. São Paulo: Cultrix, s.d.

LUIZ HERMENEGILDO FABIANO

Graduado em Letras Modernas - Inglês pela Fundação Valeparaíba de Ensino - São José dos Campos - SP

Mestrado em Filosofia da Educação (Área de concentração em Filosofia da Linguagem) - Universidade Metodista de Piracicaba - Piracicaba - São Paulo

Doutorando em Fundamentos da Educação pela Universidade Federal de São Carlos - São Paulo - UFSCar.

SE NÃO LÊEM OU LÊEM POUCO, COMO ESPERAR QUE ESCREVAM?

Tania Mariza Kuchenbecker Rösing[1]

Estudos, debates, produções editoriais têm sido realizados acerca da questão da leitura e de suas implicações no processo de produção textual, desenvolvidos por professores, estudantes, pessoas em geral, pois é um problema que passa pela escola e se estende para além dessa instituição (Freire, 1983; Geraldi, 1984; Zilberman, 1985; Silva, 1988; Orlandi, 1988; Kleiman, 1989a, 1989b).

Inicialmente, assume importância o delineamento da concepção que se tem não apenas da leitura em suas diferentes dimensões, como também da escrita em suas variadas manifestações.

Acrescenta-se a essa preocupação inicial a informação de que o mecanismo da leitura é distinto do mecanismo da escrita, o que pressupõe um conhecimento teórico sobre a natureza dos mecanismos em questão, a fim de que esses possam ser utilizados numa tentativa de acionar, abrangentemente, os recursos que lhe são peculiares.

Ambas as atividades - ler e produzir textos - estão intimamente ligadas. Os alunos que não lêem, por exemplo, apesar de viverem numa sociedade letrada, são produto de uma escola que não tem valorizado o livro suficientemente, desconhece a noção de acervo ou, quando o utiliza, nem sempre o faz com critérios de seleção mais rigorosos. Conseqüentemente, os reflexos na produção textual apresentam qualidade similar à constatada durante a leitura.

[1] Professora titular de Teoria Literária e de Literatura Brasileira do Departamento de Letras da Universidade de Passo Fundo, RS

Não se pode radicalizar, mesmo concordando com Pennac (1992:12) ao defender o direito de não ler:

> "A idéia de que a leitura humaniza o homem é correta em seu conjunto, mesmo quando ela sofre algumas exceções deprimentes. A gente é, sem dúvida, um pouco mais humana - entendendo por isto um pouco mais solidária com a espécie, um pouco menos selvagem - depois de ler Clarice que antes.
>
> Mas guardemo-nos de pregar esse teorema do corolário, segundo o qual todo indivíduo que não lê pode ser considerado, a priori, como um bruto potencial, ou um cretino reincidente. Nesse caso, faremos a leitura passar como uma obrigação moral, e isto é o início de uma escalada que nos levará logo a julgar, por exemplo, a moralidade dos próprios livros, em função de critérios que não terão qualquer respeito por esta outra liberdade inalienável: a liberdade de crer. Desde logo brutos seremos nós, o leitor que somos. E Deus sabe que brutos dessa espécie não faltam no mundo.
>
> Em outros termos: a liberdade de escrever não saberá se acomodar ao dever de ler."

Percebe-se, pois, que o compromisso de viabilizar a leitura no âmbito da sala de aula e da biblioteca, por exemplo, pressupõe outro: o de estimular a produção textual, sem o que pode-se privar o aluno de um crescimento que, certamente, será decisivo na constituição e qualificação da sua cidadania.

Leitura: uma questão polissêmica e multidisciplinar

Já começam a se distanciar os tempos em que a tarefa de desenvolver o ato de ler entre estudantes de diferentes níveis ficava sob os cuidados e sob a competência exclusiva dos professores de Língua Portuguesa.

A questão da leitura é tratada, atualmente, em variadas dimensões e pressupõe um trabalho cooperativo, desenvolvido por profissionais de diferentes áreas do conhecimento.

Segundo Lajolo (1992:3):

> *"É na convergência do resultado de diferentes áreas de pesquisa que surge como privilégio/compensação desta sofrida e desletrada*

pós- modernidade, a possibilidade de trabalhar com a leitura de forma mais complexa, concebendo-a como um modo social de realização de um processo cognitivo."

A relação autor - texto - leitor é, sob o ponto de vista acadêmico, mediada pela ação do professor que, sem dúvida, deve conhecer não apenas a natureza da leitura, mas, de forma aprofundada, as diferentes acepções que essa tem assumido em estudos, pesquisas e publicações mais recentes, além, é óbvio, de ser um leitor.

Segundo Althusser (1965), no âmbito da semiótica literária, considera-se leitura um conjunto de processos de análise de um determinado texto, mais precisamente do seu funcionamento, ou seja, das operações que o constituem enquanto texto. Salienta, ainda, tratar-se de uma leitura polissêmica, sempre propiciando a realização de novas leituras, constituindo-se numa prática dinâmica, inacabada. Rejeita, portanto, a leitura única e passa a valorizar uma leitura plurissignificativa, a partir da historicidade do autor do próprio texto, do leitor e, também, do professor mediador: ***"A polissemia é o processo que, na linguagem, permite a criatividade. É a atestação da relação entre o homem e o mundo."*** (Orlandi, 1984: 11)

Torna-se ainda mais necessário apresentar outros conceitos de leitura tratados em diferentes abrangências, no intuito de serem explicitadas as tendências teóricas que têm fundamentado a ação docente, a prática pedagógica.

Tomada amplamente, a leitura é considerada um processo de "atribuição de sentidos". Já concebida como leitura de mundo - compreensão, interpretação, análise, enfim - implica o vislumbramento das diferentes relações existentes entre o aparato social e a noção de ideologia.

Mais restritivamente, consiste na relação de um sujeito leitor com o texto, entendido como ***"uma seqüência verbal escrita, coerente, formando um todo acabado, definitivo e publicado"***. (Geraldi, 1991: 100).

Superficial e popularmente considerada, a leitura corresponde, no contexto escolar, à mudança de estado: a saída do analfabetismo e a entrada no processo de alfabetização.

Dentro desse universo conceitual, começa-se a entender o compromisso dos profissionais do ensino no que concerne ao desafio da prática da leitura e do desencadeamento do processo de atribuição de sentidos em que a mesma se constitui.

Pretende-se, no desenvolvimento desse processo, com a devida competência, aprimorar entre alunos, professores, bibliotecários, agentes culturais não apenas o gosto pela leitura, mas também a racionalização do mecanismo da leitura e de suas implicações na produção textual.

Considerando-se, pois, a leitura como objeto de estudos, os elementos que constituem o texto, objetalidade essa que permite a efetivação do ato de ler no sentido acadêmico, pressupõem cuidados com o vocabulário empregado e suas relações com o contexto; a enunciação e as marcas indicativas de pistas ao leitor; a existência de coesão e de coerência entre os enunciados; a relação com outros textos, sem deixar de destacar a historicidade em que tudo acontece de forma precisa e interativa.

Uma relação antecedente-conseqüente

Ao se perguntar: Se os alunos não lêem ou lêem pouco, como esperar que escrevam?, percebe-se que a noção de leitura precedendo a escrita é, ainda, bastante preconizada pelos professores, apesar de o binômio, tomado exatamente na seqüência - leitura-escrita - não estar se constituindo numa práxis consistente desses profissionais.

Permanecem severos resíduos de sacralização do texto ficcional, por exemplo, cuja leitura parece pertencer ao mundo dos iniciados, apesar da ocorrência de diferentes tipos de esforços em todo o país no sentido da democratização da leitura (Zilberman & Silva, 1990; Silva, 1991; Kleiman, 1993).

Surgem, também, problemas de natureza variada - baixo poder aquisitivo, falta de tempo, raro convívio com livros em bibliotecas públicas, acervos desatualizados, distanciamento de publicações como jornais, revistas - que corroboram com a permanência refratária das pessoas em geral aos significados resultantes do processo de construção de sentido que constitui a leitura hoje.

Na medida em que se inverte a proposição: "é pela escrita que se avalia o nível de envolvimento do autor dessa produção escrita com a leitura", passa-se à análise da qualidade desse texto. Tal procedimento permite, inclusive, que se avaliem aspectos, entre outros, como a precisão vocabular, a estruturação sintática, a existência de coesão e de coerência, a intertextualidade, que podem se constituir em sinalizadores da qualidade e da quantidade de leitura desenvolvida pelo autor do texto escrito.

É importante lembrar, também, que nem sempre bons leitores e leitores de diferentes manifestações culturais se transformam em competentes produtores de textos escritos, exatamente por não dominarem a complexidade do mecanismo da escrita.

O cronista e as experiências de viagem: re-leitura/des-leitura do mundo

Luis Fernando Verissimo, inconfundível cronista brasileiro lido, estudado, reconhecido não apenas no Brasil, mas fora desse limite territorial, apresenta, na heterogeneidade dos textos que compõem sua obra, experiências de viagem. Descomprometido com o rigor imposto pela crítica literária, Verissimo aproveita cenas do quotidiano vivido em cidades como New York, Paris, Roma, onde residiu e produz textos interessantes, criativos, bem humorados, muito atraentes.

Verissimo & Fonseca (1992) reúnem, pois, crônicas escritas no período em que residiram na Cidade das Luzes, resultantes de suas vivências sociais e de sua imaginação, filtradas pelo processo de criação em contexto europeu. Propiciam ao leitor comum uma relação muito forte com o seu imaginário - viver o cotidiano parisiense mesmo na dimensão do mundo sonhado. A leitura feita pelo cronista se mescla à realizada por Joaquim da Fonseca, através de seus desenhos, co-autor do livro: ambos conseguem captar, de forma diversificada, manifestações culturais de um quotidiano que, sem dúvida, é pleno de ações, de peculiaridades as quais merecem ficar registradas e, assim, para sempre lembradas.

Embora o cronista não explicite a intencionalidade que move cada um de seus textos, um leitor experiente é capaz de reconstruir o significado das instâncias contidas nos níveis discursivo, narrativo e profundo dessas crônicas. Apesar de os leitores, em sua maioria, não conhecerem cidades como as visitadas e vividas por Veríssimo, são capazes de avaliar a competência discursiva e o comprometimento ideológico do autor, a partir, também, das referências de cada leitor e dos contextos culturais e sociais envolvidos na relação autor-texto-leitor. Ao leitor que já visitou Paris ou lá residiu, proporciona um processo de re-visitação considerado em sentido amplo.

De forma semelhante, mas já situadas em outro ambiente, Verissimo & Fonseca (1993:63) oferecem como objeto de análise um dos textos produzidos em Roma, propiciando ao leitor uma recontextualização na leitura de fragmentos da crônica "Força":

> *"Michelangelo e Bernini são como os motociclistas de Roma: estão por toda a cidade e você nunca deixa de se espantar com o que eles fizeram. Bernini só se iguala a Michelangelo na ubiqüidade, claro, pois era um artista menor. Melhor arquiteto - desenhou a Piazza San Pietro, em frente à Basílica - do que escultor e pintor. Na escultura fez coisas bonitas, mas se especializou em monumentos públicos e carregou nos querubins. Culpa das convenções do barroco. Alguém já disse que, na arquitetura pelo menos, o barroco é o espírito renascentista levado longe demais. Mas, por justiça, nos créditos da Roma renascentista e barroca deve constar: "cenários, em grande parte de Bernini."*

As referências do leitor em relação ao conteúdo do texto devem incluir informações precisas a respeito da amplitude e da complexidade das obras criadas de forma singular por Michelangelo e Bernini. Devem incluir, também, conhecimento acerca dos conceitos de barroco, renascimento. Tudo isso harmonizado no contexto arquitetônico urbano da capital italiana, sem o que é difícil reconstruir a emoção e o encantamento que as palavras do cronista possam sugerir.

Se o leitor não estiver de posse desse conhecimento, terá dificuldade em apreender o significado de expressões como "carregou nos querubins", tomada na atmosfera do estilo barroco.

Verissimo & Fonseca (1993:63-4) continuam o relato:

> *"Michelangelo é o homem. Ele é a fonte que Bernini e os outros barrocos acabaram adornando demais. Atacou na arquitetura - também colaborou na Basílica de São Pedro -, na pintura, com o teto da Capela Sistina, entre outras coisas, e principalmente na escultura. O seu Moisés, na igreja de São Pedro Acorrentado, e a sua Pietá, na Basílica de São Pedro, em lados opostos da cidade, são como os pilares que sustentam o manto do permanente encanto renascentista que cobre Roma, com perdão da imagem um pouco barroca. O teto da Capela Sistina por sinal, está sendo restaurado com dinheiro japonês. Já dá para ver um pequeno trecho com as cores originais, e é um assombro. Não deixa de haver uma certa justeza poética no fato do Oriente vir dar uma mão, ou uma segunda mão, a um dos tesouros da arte ocidental. Imagino que de tanto turistas chegarem em casa com fotos obscuras do teto da Capela, os japoneses decidiram vir limpá-lo para provar que a culpa não é das câmeras."*

A substantivação de Michelangelo - o homem, a fonte, o seu Moisés, a sua Pietá - revela inquestionável e imensurável contribuição de sua obra - única para o patrimônio artístico da humanidade.

O autor procura revelar suas impressões da cidade de Roma, tecendo algumas imagens. No primeiro fragmento transcrito, compara Michelangelo e Bernini, artistas e gênios da Roma antiga, com cenas do quotidiano da modernidade romana: "*Michelangelo e Bernini são como os motociclistas de Roma...*" No segundo, compara obras de Michelangelo - o seu Moisés, a sua Pietá - aos "*pilares que sustentam o manto do permanente encanto renascentista que cobre Roma*", o que denota necessidade de domínio do universo renascentista por parte do leitor, sem o que o conteúdo que motivou a produção do recurso de estilo não se sustenta na recepção desse interlocutor real.

Ao constatar a presença japonesa - o poder econômico japonês - na manutenção do patrimônio artístico universal que constitui o teto da Capela Sistina, Verissimo usa duas expressões: a primeira: "*...no* *fato do Oriente vir dar uma mão"*, permitindo que se entenda a solidariedade universal nas grandes causas; a segunda, *"...ou uma segunda mão"*, denotando uma possível interferência na criação original de Michelangelo, o que se configura como uma possível ameaça à integridade dessa obra que é, sem dúvida, patrimônio da humanidade.

Todas essas intervenções do cronista se cruzam com as imagens desenhadas por Joaquim da Fonseca e com as imagens registradas em cada leitor real que visitou Roma pessoalmente ou por intermédio de seu envolvimento com livros ou com outras linguagens. Ocorre, por conseguinte, um processo de re-leitura no qual interferem variáveis como o contato turístico, por exemplo, com Roma, a ligação religiosa com Roma, a sacralização histórica romana, a desmitificação romana pelo processo de constatação dos roubos de obras de arte universais feitos pelos romanos, durante o período em que o Império Romano dominou a Europa... ou isto seria uma desleitura?

Lajolo (1992: 11) adverte:

> *"Talvez por isso tantos estudos não levam o conhecimento que produzem muito além de aspectos quantitativos ou mecânicos da leitura: é apenas no nível de textos multi-situacionalmente contextualizados que o não escrito (que inclui mas não se limita às amarras históricas) começa a invadir a leitura, exigindo do leitor sensibilidade para entrelinhas e suprasegmentais, dando a esta última expressão um sentido literal de que ela não dispõe em seus usos lingüísticos mais correntes. Aqui, a leitura do mundo, ponto de partida da leitura do texto, é também ponto de chegada, com os inevitáveis solavancos da travessia."*

A variedade e a complexidade temáticas peculiares a diferentes contextos - o europeu, o terceiro-mundista - alimentam a compulsividade criativa de Verissimo, que, sem dúvida, pode produzir textos em quantidade sem diminuir a qualidade do seu trabalho, sem transformá-lo em trivialidade. O envolvimento do leitor com crônicas inéditas, por exemplo, pressupõe novas e diferentes formas de construção de sentidos, pois é o cotidiano filtrado pela imaginação que emerge para adquirir vida com esse mesmo leitor.

Daí entender-se porque o trabalho de produção de significados, movido pela historicidade múltipla, reveste-se de fascínio.

O universo captado pelo cronista é remetido ao leitor que tenta reconstruir o caminho produzido pelo autor. As experiências de viagem passam, pois, a ser conteúdo precioso no processo cognitivo do leitor.

As experiências de Veríssimo possibilitam a produção de crônicas interessantes pelo inusitado de cada situação. É a leitura do mundo vivenciado. O leitor que tenta recompor a produção do cronista, envolve essa tarefa de prazer. Por não ter tido experiências de viagem similares, não significa que esse leitor esteja impedido de produzir textos com qualidade, procurando envolver sua produção com recursos apreendidos do autor e dos quais se apropria, ampliando os recursos de que dispõe no ato de escrever.

A (re) (des)leitura de mundo feita pelo cronista é estímulo para o leitor no que diz respeito à produção de texto, cujos temas poderão incluir experiências vivenciais desse mesmo leitor, enfocadas de forma também inusitada, na qual interagem aspectos políticos, históricos, sociais e culturais preconizados por esse mesmo leitor.

Se não lêem ou lêem pouco, como esperar que escrevam?

A relação leitura - produção textual é uma constante na vida do cidadão. Assume importância significativa o contato com o mundo diferenciado no processo de produção de textos orais e escritos, desde que esse processo seja considerado como um ato comunicacional: alguma coisa deve ser dita pelo enunciador, sujeito de sua enunciação, a alguém; há uma causa que impulsiona esse dizer; o enunciador seleciona estratégias para produzir o texto de acordo com a intencionalidade que deve estar implícita ao longo desse mesmo texto, com vistas a provocar o efeito desejado no leitor.

Para que esse processo ocorra com precisão, é importante que o enunciador utilize os seus referenciais culturais, sociais, ideológicos no intuito de ser convincente no texto produzido, para um determinado tipo de leitor. É importante, também, que o enunciador se alimente cada vez mais de outras fontes para poder ampliar os seus referenciais e expressá-los de forma significativa. É importante e necessário que o enunciador seja um leitor de muitos livros, de bons livros, de variadas linguagens, a fim de que possa dominar uma multiplicidade de estratégias que, posteriormente, serão utilizadas em seus próprios textos.

Cada pessoa, ao entrar em contato com o texto escrito, deve se preocupar, portanto, não apenas com o que é dito, com o que não é dito, com quem é o autor, mas ainda de forma especial, perceber a estrutura organizacional do texto, identificar os recursos empregados pelo autor. Tais recursos poderão ser utilizados, mais ou menos eficientemente, no momento da produção de seus textos, ampliando, dessa forma, a sua competência para o trabalho em questão.

Tudo isso se envolve de profundo significado e pode produzir resultados expressivos se o leitor estabelecer um processo de interação crítica com o mundo em suas diferentes manifestações e com o contexto dos livros.

E assim: se lêem e lêem muito, espera-se que produzam textos com qualidade e em profusão, observando, especialmente, que a relação entre a leitura e a produção textual não é automática, pois além de se considerar a distinção entre a natureza da leitura e a da escrita, deve-se considerar, também, as relações que se tem com a heterogeneidade das situações de linguagem vividas e com os tipos de textos a serem produzidos em cada uma delas.

Bibliografia

ALTHUSSER, L. *Pour Marx*. Paris: Máspero, 1965.

FREIRE, P. *A importância do ato de ler - em três artigos que se completam* São Paulo: Brasiliense, 1983.

GERALDI, J. W. *O texto na sala de aula*. 2ª ed., Cascavel: Assoeste, 1984.

———————.*Portos de passagem*. São Paulo: Martins Fontes, 1991.

KLEIMAN, Ângela. *Texto e leitor: aspectos cognitivos da leitura*. Campinas: Pontes, 1989a

———————. *Leitura: ensino e pesquisa*. Campinas: Pontes, 1989b

———————. *Oficina de leitura: teoria & prática*. Campinas: Pontes e Editora da Unicamp, 1993

LAJOLO, M. *A leitura na vida pós-moderna: desleitura ou releitura? (ou a leitura em ritmo de prefixos)*. Porto Alegre, VII Reunião Anual do ANPOLL, 18 a 20 de maio de 1992, mimeo.

ORLANDI, E.P. Segmentar ou recontar? In: *Lingüística: questões e controvérsias*. Uberaba: FIUBE, p. 9-26. s/d.

———————. *Discurso e leitura*. São Paulo: Cortez: Editora da Universidade Estadual de Campinas, 1988.

PENNAC, D. Os direitos imprescritíveis do leitor. In:*Comme un roman*. Paris: Gallimard, 1992. (Tradução de Eliana Yunes).

SILVA, E.T. da. *Elementos de pedagogia da leitura*. São Paulo: Martins Fontes, 1988.

VERÍSSIMO, L. F., FONSECA, J. da. *Traçando Paris*. Porto Alegre: Artes e Ofícios, 1992.

———————. *Traçando Roma*. Porto Alegre: Artes e Ofícios, 1993.

ZILBERMAN, R. (org.) *Leitura em crise na escola: as alternativas do professor*. 4ª ed., Porto Alegre: Mercado Aberto, 1985.

——————— & SILVA, E.T. da. *Literatura e Pedagogia - ponto & contraponto*. Porto Alegre: Mercado Aberto, 1990.

TANIA MARIZA KUCHENBECKER RÖSING

Formada em Letras e em Pedagogia pela Universidade de Passo Fundo, RS.

Mestrado em Teoria Literária pela PUC/RS.

Doutora em Teoria Literária pela PUC/RS.

Além de inúmeros artigos publicados em revistas especializadas é autora do livro: *Ler na escola: para ensinar literatura no 1º, 2º e 3º graus*, publicado pela editora Mercado Aberto. Além disto é co-autora de outros livros, destacando-se os *Anais de Jornadas Nacionais de Literatura*, publicados pela Editora da Universidade de Passo Fundo, RS.

Atualmente, além de professora, é Pró-Reitora de Pesquisa, Pós-graduação e Extensão da Universidade de Passo Fundo, RS.

SOBRE O ATO DE LER E ESCREVER NO MOVIMENTO ESTUDANTIL: TEXTO E CONTEXTO, IDENTIDADE E AÇÃO

Diana Carvalho de Carvalho[1]
Reginaldo Benedito Dias[2]

Introdução

Afirmar que este artigo, cujo objetivo é analisar o significado do ato de ler e escrever no contexto do movimento estudantil, poderia seguir múltiplos caminhos tende a soar como a utilização de um surrado recurso retórico de escritores pouco inspirados. Neste caso, porém, trata-se, acima de tudo, de uma questão metodológica fundante. Atribuir significados unívocos às práticas dos movimentos sociais é abstrair suas tensões e contradições internas, sua dinâmica própria, aprisionando-as em categorias estáticas e reificadas. O rigor metodológico exige que o movimento seja entendido em sua historicidade, consideradas as muitas faces por ele assumidas nas experiências concretas por que passou.

Entretanto, a abordagem de tal diversidade de situações ganha unidade quando o viés da análise é construído a partir do conceito de identidade. No dizer de Sader (1985:88), identidade não é algo inerente a um grupo e pré-existente às suas práticas, mas um fazer-

[1] Professora do Departamento de Metodologia de Ensino - Centro de Educação. Universidade Federal de Santa Catarina

[2] Professor do Departamento de História da Universidade Estadual de Maringá, PR. (UEM)

se concreto em que se articulam objetivos, experiências e valores que dão sentido à existência desse grupo e o definem como tal. Identidade entendida não como substantivo, mas como verbo, ou seja, como prática histórica em movimento, que se atualiza e se redefine (Ciampa, 1985:85). Acrescente-se que a produção dessa identidade não se realiza no vazio, mas é matizada por uma íntima relação dos sujeitos com a história e experiências de instituições determinadas (Sader, op. cit.).

Dessa maneira, em seu sentido estrito, o ato de ler e escrever é, no contexto dos movimentos estudantis, uma espécie de metáfora do próprio ato de compreender a realidade e imprimir-lhe, através da ação, novas marcas. Equivalente do binômio compreensão/ação, o ato de ler/escrever tanto expressa quanto forja e redefine a identidade de um grupo social. Em suma, os estudantes escrevem sua história nas palavras e nos atos pelos quais constroem suas lutas.

Orgânico às práticas sociais, o ato de ler / escrever expressa-se em múltiplos espaços, seja naqueles formalizados pelas entidades estudantis, seja nos informais, através de manifestações várias: imprensa estudantil, os grafitos (de muro, parede e banheiro), os cartazes culturais e de propaganda política, as pichações, as faixas nas passeatas e o próprio silêncio. A recuperação dos espaços informais é rica de significados, uma vez que, extrapolando o universo político convencional das entidades, permite investigar o fazer estudantil presente num cotidiano aparentemente desinteressado, materializado em atividades como: as conversas nos bares, onde não raro são articulados os movimentos políticos e culturais; os eventos culturais (teatro, shows, poesias, músicas); as festas, canal de estreitamento de relações interpessoais e afetivas.

Entender o processo de leitura / escrita no movimento estudantil exige um mergulho no contexto histórico / político / econômico em que foi tecida a identidade dos sujeitos em questão. Num primeiro momento, a análise enfocará o movimento estudantil que se desenvolvia na década de 60, na órbita da UNE, captando as muitas dimensões da identidade estudantil, com ênfase no matiz colocado pelas lutas em torno da Reforma Universitária e resistência à ditadura.

Num segundo momento, a análise debruçar-se-á sobre duas realidades específicas, privilegiando os contornos da construção de uma identidade de resistência ao legado da Reforma Universitária de 1968, em instituições de ensino superior bastante distintas, Universidade Federal do Rio Grande do Sul e Universidade Estadual de Maringá, no mesmo espaço de tempo, os dezesseis anos subseqüentes à promoção da referida Reforma, tendo como base duas pesquisas realizadas pelos autores deste artigo. Embora tais pesquisas tenham sido inicialmente realizadas com objetivos e propósitos diferentes, elas se aproximam, coerente com a metodologia utilizada, na medida em que possibilitam a compreensão mais ampla das especificidades, diversidades e pontos de encontro desse universo heterogêneo que é o movimento estudantil.

Cenas do movimento estudantil na década de 60: UNE, ditadura, festivais, reformas e revoluções

Desde a criação da UNE, em 1938, o movimento estudantil havia alcançado uma capacidade de mobilização muito grande nos momentos políticos mais importantes da vida do país. Na década de 60, os estudantes mobilizavam-se pela reforma universitária e modernização do ensino superior na perspectiva da autonomia nacional. Ao mesmo tempo, a aproximação com partidos políticos e setores populares levava a vanguarda do movimento a proclamar um compromisso com as massas trabalhadoras e com as mudanças das estruturas vigentes. Nessa leitura mais radical, caberia às entidades estudantis denunciar a exploração capitalista dos estudantes e do povo em geral.

Mesmo considerando todas as dissidências entre as facções políticas que compunham o movimento estudantil na época, cabe ressaltar sua importância no contexto social e cultural ao desenvolver uma educação paralela e alternativa à instituição universitária. Segundo Cunha (1983:259), isso acontecia através *"(...) dos diretórios acadêmicos e outras iniciativas artísticas, que, em 1963, já extravasavam o espaço propriamente escolar, passando os estudantes a integrar movimentos de cultura popular e de alfabetização de adultos"*. São exemplos dessa escrita / ação voltada para a conscientização popular as experiências de alfabetização de adultos realizadas no Nordeste, especialmente o trabalho de Paulo Freire em Pernambuco. Em termos culturais, surgiam iniciativas com a finalidade de "educar o povão" através de atividades artísticas. Como ilustração, pode-se mencionar o Centro Popular de Cultura da UNE (CPC) que, através da "UNE Volante", levava para vários Estados brasileiros shows e peças de teatro.

O lugar social e político da universidade naquele período, que se traduzia na aproximação com o poder pela condição de detentora de conhecimento, exercia influência direta sobre a identidade estudantil que se forjava. Os estudantes percebiam-se como *"(...) uma espécie de condutores do país a uma nova era de progresso e desenvolvimento"* (Ribeiro Neto, 1985:69). Na verdade, a universidade constituía-se, até então, como um local em que a elite intelectual, política e econômica tinha naturalmente assento. No dizer de Ribeiro Neto (op. cit, p.69), *"a condição estudantil aparecia como um corpo com cultura própria, hábitos próprios, como uma vida radicalmente diferente da do homem comum, um lugar onde havia uma relação de solidariedade e de liberdade, onde todos eram iguais, porque eram optmi, eram os melhores"*.

Inserido no tecido cotidiano da vida dos estudantes, o processo de formação de identidade adquiria contornos mais complexos, posto que aberto a temáticas e formas de expressões várias. Coimbra (1991) caracteriza com muita propriedade a forma intensa e ardorosa com que a juventude universitária da classe média vivenciou os primeiros anos da década de 60. Nas grandes cidades, parcelas dessa juventude discutiam os novos valores e adotavam novos padrões de comportamento. A valorização da participação da mulher em todos os espaços sociais, sua independência familiar, as discussões sobre o direito ao aborto e ao uso da pílula anticoncepcional constituíram-se em algumas marcas inovadoras deixadas por essa época. Enfim, havia a tentativa de encarar as relações sociais em geral, quer sejam afetivas, familiares ou profissionais, sob um ponto de vista mais igualitário, sem a rigidez e o autoritarismo dos padrões de comportamento vigentes até então.

A ruptura provocada pelo golpe militar de 1964 coloca os temas referidos acima noutro cenário e introduz novos elementos ao fazer-se do movimento estudantil.

Da leitura dos impasses vivenciados pela Universidade e pelo país, a UNE preconizava, em palavras e ações, uma reforma universitária democratizante, tanto no que se refere ao acesso quanto à gestão, articulada com reformas democratizantes nas estruturas econômicas (agrária, por exemplo) e controle sobre a penetração do capital internacional. O citado sistema paralelo de educação popular promovido pela UNE foi, no dizer de Saviani (1987:83), a forma pela qual "*(...) os estudantes universitários canalizavam seus anseios de reforma, compensando, assim, o não-atendimento de suas reivindicações pela reforma da própria universidade*".

Já na perspectiva do governo militar, considerados os interesses de classe por ele representados, a reforma que veio a ser implantada inscrevia-se, como assinalou Martins Filho (1987), no horizonte de adequação das estruturas universitárias e, em sentido mais amplo, educacionais ao modelo de aprofundamento da internacionalização da economia e de desenvolvimento do grande capital monopolista. Nessa direção, a modernização da estrutura educacional visava a formação de mão-de-obra e tecnologias necessárias às demandas do modelo econômico. Entretanto, como a hegemonia do capital monopolista conduzia à necessidade de economia de recursos em áreas não diretamente produtivas, a política educacional norteou-se pela progressiva privatização do ensino superior e expansão do ensino pago.

Segundo Chauí (1980), buscava-se a implementação de uma espécie de "taylorização" do espaço universitário, expressão do autoritarismo vigente e da lógica tecnicista que norteava o processo, consubstanciada na divisão de competências entre quem decide - os burocratas - e quem executa. O norte de tal lógica foi subtrair de professores, funcionários e estudantes o poder de refletir e tomar decisões acerca dos rumos da universidade. Na linha de raciocínio dessa autora, reduzindo a educação a uma variável econômica, a reforma preconizou para as universidades o rendimento como fim, a burocracia como meio e as leis do mercado como condição.

Dado o nível de contradição existente entre as duas perspectivas descritas, a consecução do projeto de reformas preconizadas pela ditadura, entre as quais incluía-se a reforma universitária, exigia o silenciamento do protesto social, notadamente do movimento estudantil. Já em seu nascimento, a ditadura militar buscara cassar a existência autônoma das entidades estudantis e, conseqüentemente, de seu direito de livre organização e expressão - de ler a realidade e escrevê-la através de ações -, numa série de leis restritivas. Já em 1964, a Lei Suplicy de Lacerda cassou a existência legal da UNE e das UEEs e submeteu a existência das entidades estudantis ao controle do Estado, processo que culminou no Decreto Lei 477, de fevereiro de 1969, que traduziu o AI-5 no contexto universitário. Considerado o atrelamento oficial das entidades ao Estado e o consecutivo cerceamento de sua ação e expressão, o ato de ler / escrever no movimento estudantil, quando não se circunscrevia nos limites do permitido, tornava-se explosivo, materializando-se em canais clandestinos ou semiclandestinos.

Matizar, nesse cenário, os mais diversos elementos constituintes da identidade estudantil é tarefa complexa. Na clivagem estabelecida por Martins Filho (op.cit), teriam existido, na perspectiva da resistência, duas tendências principais: a primeira estaria mais ligada à articulação de lutas específicas, circunscritas ao universo educacional propriamente dito; a segunda, mais ideologizada, tendia a extrapolar esse universo específico e privilegiar a ação de combate à ditadura e às suas políticas globais. Difícil, no entanto, é separar uma dimensão da outra, já que a questão educacional estava entrelaçada, para os diversos projetos em disputa, com reformas mais amplas. Dessa forma, reivindicar mais vagas e educação pública para todos significava tensionar a lógica da reforma universitária gestada pelo governo militar.

Nessa tensa conjuntura, o movimento estudantil experimentava um processo de crescente politização. Embora a relação escrita-ação adquirisse formas de expressão várias - canções, teatros, grafitos, etc -, era muito pequena a receptividade para temáticas que não abordassem explicitamente o confronto e a mobilização política. Esse afunilamento se verificava, por exemplo, nos festivais da canção realizados no período, quando as platéias, compostas principalmente por estudantes, vaiavam músicas como "Sábia", de Tom Jobim, e "É Proibido Proibir", de Caetano Veloso, e aplaudiam a canção "Para não dizer que não falei das flores", de Geraldo Vandré. Note-se que a temática de Caetano Veloso, embora não pudesse ser classificada como despolitizada, era heterodoxa demais para os padrões da militância e que o panfleto musical de Vandré fazia uma ironia pouco sutil ao "flower-power". A reação de Caetano Veloso ao sofrer a vaia foi reveladora: "Mas é isso que é a juventude que diz que quer tomar o poder! (...) Vocês não estão entendendo nada, nada, nada. Absolutamente nada! (...)Se vocês em política forem como em estética, estamos feitos!"(Hollanda, 1985:68).

Uma situação emblemática do cenário em que atuavam os estudantes, no qual mínimas ações de resistência à ditadura ganhavam dimensões explosivas, foi exibida, para todo o país, pela minissérie "Anos Rebeldes". Um grupo de estudantes liderado pela personagem João Alfredo, protagonista da estória, afligia-se com um problema que, noutro contexto, pareceria banal: onde guardar um mimeógrafo, instrumento de reprodução de textos que então se tornara uma espécie de arma na luta política que vinha se acirrando. Se o mimeógrafo podia ser comparado a uma espécie de arma, a munição, evidentemente, era a palavra escrita, metáfora que não peca pelo exagero, dadas as características do período.

À medida que a repressão desmantelou o protesto social, em particular o movimento estudantil contestatório, processo cujos pontos culminantes foram o AI-5 e o DL-477, a palavra escrita perdeu o seu próprio poder de mediação simbólica de formação de uma identidade política contraditória às reformas promovidas pelo governo militar. A radicalização da luta fez com que muitos estudantes aderissem à perspectiva da luta armada de cunho anticapitalista. Aqui a relação escrita / ação não pode ser considerada mais como metáfora, já que os gestos, sem a mediação simbólica da palavra, eram a própria forma de comunicação e tentativa de constituição de uma identidade coletiva de ruptura com o sistema capitalista.

Levada a termo, a reforma da universitária teve como corolário o rompimento dos canais de comunicação entre a Universidade, o Estado e a Sociedade. Ao ser privada do confronto com as contradições da realidade social, a Universidade tornou-se isolada, atrofiando-se sua capacidade de reflexão sobre o mundo a que pertencia.

Não se pense, entretanto, que a despolitização do espaço universitário silenciou aqueles que desafinavam o coro dos contentes. A resistência expressava-se de muitas maneiras. Um exemplo significativo dessa relação pode ser extraído do interessante estudo de Gustavo Barbosa (1984) sobre grafitos de banheiro. Conforme o autor, a resistência, aparentemente silenciosa, mostrava-se com bastante eloqüência no espaço livre dos banheiros, espaço que, em períodos de repressão ideológica, garante o anonimato de mensagens clandestinas. Os grafitos, ruidoso instrumento de protesto, não eram apenas resultado de gestos espontâneos, mas também de ação direcionada, assumindo a dimensão de propaganda política. Constituía-se uma insólita interlocução, marcada por réplicas e tréplicas, entre os agrupamentos de esquerda e entre a esquerda e a direita. No espaço privado do banheiro se estabelecia, pois, o debate em torno de grandes temas públicos.

Caminhos paralelos e cruzados: duas experiências no Pós-68

A reforma universitária promovida pela ditadura militar, consubstanciada na Lei 5540/68, estabeleceu normas que buscavam redefinir a situação das Instituições de Ensino Superior existentes, portadoras de uma tradição acadêmica e política, e delimitar a própria face daquelas outras que foram formadas a partir de então. Como tal diversidade de situação marca a construção da identidade do movimento estudantil, a análise se desloca do plano geral e se debruça em experiências que, presentes na mesma conjuntura, possuem pontos de contato, mas muitas singularidades.

O Curso de Psicologia da UFRGS

A UFRGS originou-se da reunião de escolas isoladas, fato comum na história da grande maioria das universidades brasileiras.

Constituiu-se, primeiro, como Universidade de Porto de Alegre, sendo federalizada na década de 50. A Faculdade de Filosofia, Ciências e Letras, instalada em 1942, teve para a Universidade um papel fundamental na produção cultural e difusão de novas idéias.

Essa unidade universitária caracterizava-se, na década de 60, pela efervescência político-cultural, ilustrada pela promoção de atividades extra-curriculares (seminários, conferências, cursos) e pela consistente produção teórica do seu quadro docente. Com as investidas repressivas do regime militar sobre a sociedade civil, foram demitidos e aposentados sumariamente vários docentes das universidades brasileiras. Dados levantados pela Associação dos Docentes da UFRGS mostram que o controle ideológico nessa instituição culminou no expurgo de 34 professores entre 1964 e 1969.

A partir das mudanças estabelecidas pela Reforma Universitária de 1968, a Faculdade de Filosofia desmembrou-se e deu origem a diversos Institutos, entre eles o Instituto de Filosofia e Ciências Humanas, onde se alocava o Departamento de Psicologia. Esse Departamento nasceu com a função de atender aos diversos cursos que possuíam em seus currículos disciplinas afins, conforme a proposta da Lei 5540 de 1968, que vedava a duplicação de meios para fins idênticos ou equivalentes. A graduação em Psicologia só se constitui mais tarde, em 1973, sendo um dos primeiros cursos implantados na UFRGS após a Reforma Universitária.

O movimento estudantil na UFRGS também tinha uma forte tradição de lutas políticas, principalmente na Faculdade de Filosofia, cujo prédio foi palco de mobilizações e ações contestatórias ao golpe de 64. Mesmo após os atos repressivos do governo militar, o movimento estudantil manteve-se como uma referência importante para aqueles que ingressavam na Universidade, especialmente pela possibilidade de contrapor à leitura conservadora e tradicional uma nova forma de entendimento da realidade.

A análise do movimento estudantil que se fazia na raia específica do curso de Psicologia demonstra que a produção da identidade mesclava elementos colocados pelos debates gerais, descritos acima, com as questões relativas à formação e atuação profissional. Mais: revela uma dimensão cotidiana que, não raro, é imperceptível em plano geral.

Na década de 70, produziu-se um certo "modismo" em torno dos cursos de Psicologia. Coimbra (1991), abordando o processo de construção da subjetividade na sociedade brasileira nas décadas de 60, 70 e 80, afirma que a psicologização do cotidiano e da vida social nos anos 70 cumpriu o papel de reforçar o esvaziamento político imposto pelos governos militares, fazendo com que os espaços públicos fossem desprovidos de sentido. A ênfase era colocada na descoberta de si mesmo, na liberação das repressões e nos sentimentos, tornando-se o sujeito psicológico a medida de todas as coisas.

Os currículos dos cursos de psicologia acabavam por manter e reforçar esse ponto de vista, centrando sua atenção no estudo dos processos individuais, entendendo o indivíduo enquanto um ser a-histórico. O questionamento dessa perspectiva pelos estudantes era influenciado menos pela participação na militância político-partidária, presente nos diretórios acadêmicos, do que pela participação em movimentos culturais e acadêmicos circunscritos às especificidades da profissão.

Os espaços informais foram o palco privilegiado em que se engendrou a identidade desse grupo. A reconstrução do cenário do curso passou, principalmente, pelos almoços no Restaurante Universitário, pelas conversas nos bares, pelos estudos na biblioteca, pelas brigas com a chefia do departamento, pelas festas, enfim, por tudo que circundava a universidade e que ia muito além dos espaços institucionalizados, sejam as campanhas políticas para o Diretório Acadêmico ou mesmo a sala de aula. Havia uma fascinação por esse universo informal, no qual emergiam questionamentos dos valores e até um redimensionamento das concepções que os estudantes traziam sobre família, casamento, religião e sociedade. Em alguns casos, a intensidade com que essa nova vida era experimentada trazia conflitos pessoais e também familiares.

O jornal PSIU, criado em 1976 a partir de iniciativas paralelas à vida dos Diretórios, era o canal por onde se expressava a palavra escrita dos estudantes. Nascido da necessidade de organização discente frente aos problemas do curso, o PSIU, apesar de abordar criticamente temas de conjuntura nacional, sempre manteve foco centrado nas questões internas. Eram temas freqüentes, por exemplo, a forma como o autoritarismo se reproduzia nas relações de poder do departamento e os problemas do estágio de Psicopatologia.

Em suma, a forma como os estudantes de Psicologia da UFRGS liam o mundo e o reescreviam através de ações materializava-se em seu posicionamento, construído e expresso em espaços vários, frente às perspectivas de atuação profissional. As propostas alternativas de trabalho do psicólogo junto às classes populares, formuladas por esses estudantes, ilustram como as possibilidades de participação política se vinculavam necessariamente à atuação profissional.

A Universidade Estadual de Maringá

O jornal do Diretório Acadêmico do Centro de Ciências Sócio-Econômicas, editado em 1979, observou, atentamente, que a Universidade Estadual de Maringá é filha de um dos períodos mais obscuros da história do país. Mais precisamente, essa instituição, fundada em 1969, nasceu no bojo da reforma universitária promovida pela ditadura militar, absorvendo suas diretrizes, no que se refere à expansão do ensino pago, às estruturas organizacionais e ao regime disciplinar imposto a estudantes, professores e funcionários.

A trajetória do movimento estudantil universitário de Maringá possui contornos muito particulares. Nas Faculdades que se incorporaram à recém-criada Universidade, havia três Diretórios Acadêmicos. Desses, somente o Diretório Roberto Simonsen (da Faculdade de Economia), fundado em 1961, possuía existência anterior a 1964. Já o Diretório Nelson Hungria (da Faculdade de Direito) e o Diretório Davi Carneiro (da Faculdade de Filosofia, Ciências e Letras), fundados, respectivamente, em 1966 e 1967, já nasceram no pós-64. Em Maringá, o movimento estudantil universitário praticamente nasceu e formou-se, pois, sob a égide da legislação repressiva da ditadura militar. Se, em outras Instituições, a experiência anterior formou um importante campo de resistência à ditadura, nesta cidade a experiência já nasceu estrangulada pela repressão. Acrescente-se que a formação da Universidade foi simultânea ao desmantelamento, em cenário nacional, da contestação estudantil.

Como a legislação de exceção subtraía a autonomia das entidades estudantis, convertidas em organismos das universidades, controladas diretamente pelo Estado, os diretórios acadêmicos existentes no momento da fundação da universidade tiveram burocraticamente sua representação ampliada de acordo com a inclusão de novos cursos nas unidades a que pertenciam. Em 1976, consumado seu processo de reconhecimento formal, a UEM extinguiu as unidades anteriores e formou, de acordo com as diretrizes da reforma, os Departamentos e Centros. Reestruturada a Universidade, os diretórios acadêmicos foram automaticamente extintos e recriados, tendo sua própria base de representação alterada de cima para baixo, ou seja, os diretórios das faculdades tornaram-se diretórios dos Centros de Departamentos afins. Exemplos: os DAs das Faculdades de Economia e de Direito foram fundidos no DA do Centro de Ciências Sócio-Econômicas; o DA da Faculdade de Filosofia, Ciências e Letras teve sua base desmembrada nos DAs dos Centros de Ciências Humanas e Ciências Biológicas. Sequer o direito de nomear as entidades - batizadas, por exemplo, de DA do Centro de Ciências Exatas - os estudantes tiveram. No fundamental, a escrita estava nas mãos de um poder constituído sem democracia.

Não obstante, cumpre registrar que existiam sutis manifestações de resistência, evidenciadas na própria imprensa estudantil. A referência direta é ao Jornal "*O Brado Universitário*" que, editado pelo DA da Faculdade de Direito até 1976, tornou-se a principal publicação estudantil da UEM nessa década. São temas presentes em suas edições: salário mínimo, críticas aos aumentos das anuidades e à elitização do ensino, defesa da gratuidade do ensino, alusões irônicas ao Decreto Lei 477. O sétimo aniversário desse Decreto é comemorado pela edição numero 10 de *O Brado*, publicada em 1976, através de uma matéria intitulada ironicamente "*Parabéns para Você*". Ainda nessa edição, a publicação coloca como aposto ao seu título : "*Um jornal sem pressa. E sem pressão?* ". O numero 9, de setembro de 1975, estampa a tarja "*Encarte especial de O Diário*" (que é um jornal local), demonstração da dificuldade existente para a circulação da imprensa estudantil.

No final da década de 70, o movimento local, no compasso do adensamento do protesto estudantil em todo o país, foi extrapolando a letra da lei e colocando na sua pauta de lutas e ação os temas mais politizados, como gratuidade do ensino, e fim da ditadura. Lutas pelo congelamento dos preços das anuidades e do restaurante universitário estiveram no leito da constituição do próprio DCE, inexistente até 1980, e da articulação com a UNE e UPE, entidades reconstruídas no final da década de 70 que permaneciam proscritas, apesar de a nova legislação estudantil, estabelecida no período da abertura política, atenuar os termos das normas anteriores.

O peso da tradição autoritária, reforçada pela própria história da UEM, foi marcante mesmo durante a década de 80. O primeiro jornal do DCE, editado em 1981, foi alvo de um processo disciplinar por conter alusões à UNE, convocar greve geral, fazer referências consideradas injuriosas a membros da administração da universidade e circular sem autorização prévia da Reitoria. Esse processo, que levou ao fechamento temporário do DCE e à suspensão dos dirigentes estudantis, calçava-se em um regulamento disciplinar que, elaborado no tempo do DL 477, ainda vigorava internamente. Realizadas mobilizações e evidenciada a utilização de legislação em desuso, a punição, mais branda, recaiu sobre o desacato às autoridades universitárias.

Como o recém formado DCE era formalmente um órgão da Universidade, o seu estatuto precisava ser aprovado pelos Conselhos da Instituição, que "tesouraram", da proposta apresentada pelos estudantes, os termos que extrapolavam a letra da lei, tanto no que se refere ao estabelecimento de objetivos a perseguir, como luta pela gratuidade do ensino e emancipação do país, quanto na disposição das questões organizativas, como reconhecimento da UNE e autonomia para o DCE organizar suas próprias eleições e transmitir posse, atribuições que pertenciam à administração da Universidade.

Mesmo na primeira metade de 1984, após o DCE ter avançado na direção de ação autônoma através da realização de manifestações, paralisações parciais, vinculação de fato com a UNE, seu jornal ainda foi alvo de censura. Dessa vez, no entanto, o motivo não era a política convencional, mas a inclusão, no (con)texto de um editorial que estimulava sem pudores a criação poética, do nome mais popular da genitália feminina. Embora o processo não tenha prosperado, foram indiciados os diretores do DCE e os colaboradores da publicação. Essa teve grande repercussão na cidade. Um jornal da cidade, em referência ao caso, escreveu: "*imprensa é, antes de mais nada, respeito aos bons princípios, à moral, à tradição, à família e à Pátria*". O Lions Club local, num ofício dirigido ao DCE, chegou a afirmar que, embora defensor da liberdade de expressão, condenava esses abusos que atentavam contra as bases da sociedade.

Na segunda metade de 1984, as estruturas de poder do conservador edifício institucional sofreram fortes fendas com a emergência de uma mobilização estudantil que culminou na ocupação das próprias instalações da Reitoria e do Conselho Universitário. Deflagrado em cima de reivindicações como congelamento dos preços e gratuidade do ensino, esse processo constituiu, nos espaços da hierarquia da Universidade, uma espécie de comunidade estudantil igualitária, instaurando relações de poder que contrastavam fundamentalmente com a hierarquia da instituição, onde os direitos de participação estudantil continuavam sendo muito limitados. Note-se que, enquanto a representação estudantil não tinha influência decisiva na vida do Conselho Universitário, durante a ocupação a sede desse conselho foi palco das assembléias estudantis, momentos em que eram decididos não apenas os rumos da mobilização, mas também os destinos da Universidade, comandada, excepcionalmente, pelos estudantes. Nesse sentido, pode-se dizer que a Universidade era posta de ponta-cabeça.

Expressão clara da relação leitura-ação, um panfleto do movimento de ocupação avaliou que esse teria demonstrado, no espaço de uma semana, que era possível construir uma comunidade verdadeiramente justa e democrática, antônimos daquelas que, na leitura da mobilização, seriam as características da Universidade. O relevante é que, através de ações, os estudantes escreveram, no espaço onde o poder se concentrava, a possibilidade de instauração de novas relações. Observadas muitas mediações, as fendas escritas por esse processo nas estruturas de poder da instituição tiveram papel importante na democratização da Universidade, consolidada nos anos seguintes.

Conclusão

Este artigo abordou realidades distintas e, ao mesmo tempo, complementares. Após percorrer, em plano geral, o trajeto da União Nacional dos Estudantes na década de 60, destacando as muitas faces da construção da identidade, particularmente o processo de resistência ao projeto da ditadura militar para o país e para a Universidade, a abordagem centrou-se, detalhadamente, em duas histórias singulares do movimento estudantil, situadas no período pós-68. Demonstrou-se como cada experiência, relacionada de maneira diferenciada com a história da UNE e com o contexto sócio-econômico do período em questão, pavimentou caminhos próprios no processo de resistência ao legado da Reforma Universitária.

O movimento dos estudantes de psicologia da UFRGS, embora nascido na metade da década de 70, inscrevia-se no leito da história de uma instituição que possuía, da parte de docentes e discentes, uma determinada tradição acadêmica e política, em cima da qual a resistência se verificava de maneira explícita. O plano de detalhe revelou que a resistência, embora articulada com temas e movimentos gerais, ganhou contornos concretos a partir da formação profissional, que rompia com determinadas diretrizes políticas da reforma. A construção dessa identidade teve como palco privilegiado o alargamento dos espaços de participação estudantil e a invenção de espaços próprios, notadamente aqueles que poderiam ser chamados de informais.

O movimento estudantil da UEM não era herdeiro de uma consolidada tradição acadêmica e política. Construída praticamente sob a égide da ditadura militar, a história desse nascente movimento deparava-se com as limitações escritas pela legislação formulada por um regime de exceção. A consolidação de uma identidade de resistência ao legado da reforma foi se forjando através de manifestações sutis que, adensadas no final da década de 70, ganharam corpo na década de 80 e, mesmo sob as fortes demonstrações da sobrevivência do autoritarismo, escreveram, especialmente no movimento de ocupação da reitoria, a possibilidade de novas relações de poder na estrutura universitária.

Embora o foco do plano de detalhe tenha graus diferenciados nos exemplos dados, percebe-se como, em ambos os casos, os sujeitos, a partir de determinada experiência e leitura da instituição a que pertenciam, forjaram um caminho e escreveram, através de suas ações, a realidade. Não é por sofrerem determinados influxos conjunturais, sejam eles políticos e/ou econômicos, que os diferentes sujeitos sociais agem da mesma maneira. Como se percebeu, a formação da identidade articulou-se com objetivos, experiências e valores que deram sentido à existência dos grupos. Assim, falar em movimento estudantil e em resistência à Reforma é insuficiente. Cumpre entender a formação desse movimento e da identidade de resistência, observados os seus elementos constituintes e os próprios espaços onde essas relações são forjadas.

É nesse sentido que o fio condutor da análise, que entendeu o processo de ler / escrever como metáfora e expressão do processo de compreender / agir, mostrou-se um importante recurso metodológico. Através desse viés, foi possível não apenas apreender as nuanças da palavra escrita pelos sujeitos sociais em questão, mas principalmente as múltiplas modalidades de expressão e os cenários nos quais essas ganhavam materialidade, ou seja, onde, quando e como se constituía concretamente a identidade e o movimento estudantil.

Bibliografia

BARBOSA, Gustavo. *Grafitos de banheiro.* São Paulo: Brasiliense, 1984.

CARVALHO, Diana C. *Da utopia à realidade: a formação universitária e experiências alternativas em Psicologia.* Porto Alegre : UFRGS, 1992. Dissertação (Mestrado em Educação), Faculdade de Educação, Universidade Federal do Rio Grande do Sul: 1992.

CHAUÍ, Marilena. Ventos do progresso: a universidade administrada. In: PRADO JR, Bento. *Descaminhos da educação pós-68.* São Paulo: Brasiliense, 1980.

CIAMPA, Antônio. Identidade. In: LANE, Sílvia & CODO, Vanderlei. *Psicologia social: o homem em movimento.* 2 ed. São Paulo: Brasiliense, 1985

COIMBRA, Cecília. *A produção de subjetividade nos anos 60, 70 e 80 no Brasil.* Trabalho apresentado no V Encontro Paranaense de Psicologia. Maringá: 21 a 24 agosto 1991.

CUNHA, Luiz A. *A universidade crítica.* Rio de Janeiro: Francisco Alves, 1983.

DIAS, Reginaldo B. *Uma universidade de ponta-cabeça: a ocupação da Reitoria da UEM - 1984.* Maringá: UEM, 1990. Monografia (Especialização em História). Centro de Ciências Humanas. Universidade Estadual de Maringá: 1990.

HOLLANDA, Heloísa B. & GONÇALVES, Marcos A. *Cultura e participação nos anos 60.* 4 ed. São Paulo: Brasiliense, 1985.

MARTINS FILHO, João R. *Movimento estudantil e ditadura militar: 1964-1988.* São Paulo: Papirus, 1987.

RIBEIRO NETO, Artur. UNE - um laço que não une mais. *Revista Desvios.* São Paulo : Paz e Terra, n.4, p.61-71, julho 1985.

SADER, E. *Quando novos personagens entram em cena.* Rio de Janeiro : Paz e Terra, 1985.

SAVIANI, Dermeval. *Política e educação no Brasil: o papel do Congresso Nacional na legislação do ensino.* São Paulo : Cortez, 1987.

DIANA CARVALHO DE CARVALHO

Graduada em Psicologia e Mestre em Educação pela Universidade Federal do Rio Grande do Sul.

Doutoranda em História e Filosofia da Educação na PUC/SP

Co-organizou o **Cadernos 20**, do Núcleo de Publicações do Centro de Ciências da Educação da UFSC, composto por uma série de entrevistas com educadores brasileiros sobre *O Centro de Educação e seu papel na universidade.*

REGINALDO BENEDITO DIAS

Graduado em História e Especialista em História Social do Trabalho pela UEM.

Mestre em História pela UNESP - Assis

Além de diversos artigos publicados é organizador do Livro: *O público e o privado na educação: a experiência da privatização do ensino em Maringá e Temas afins*. Publicado pela Secretaria da Educação do Município de Maringá, PR.

O VESTIBULANDO E O PROCESSO DE ESCREVER

*Arnaldo Franco Junior**
*Silvia Inês C. C. de Vasconcelos**
*Renilson José Menegassi**

"Escrever (...) é mais do que realizar uma exposição de achados. É o efeito de uma transformação pela qual passamos, enquanto sujeitos que nos assumimos e assumimos os riscos pressentidos na escrita". (Clarice Nunes - *História da Educação - Espaço do Desejo*)

Advertência

Para tratar do tema **O vestibulando e o processo de escrever**, enfrentamos uma contradição: refletir sobre o assunto apenas do ângulo de quem elabora provas de vestibular (língua, literatura e redação) e avalia redações de vestibulandos (isto é, o produto). Isso se deve à dificuldade de investigar como o vestibulando desenvolve o processo da escrita durante a prova de redação, quais estratégias utiliza para enfrentar os desafios propostos pela prova e como reage em situação de vestibular - que só avalia o produto e não o processo. Os dados que temos sobre essas questões nos chegam através de depoimentos após a realização das provas, via imprensa e via manifestações espontâneas.

Não se constituem, portanto, as reflexões que seguem, num estudo baseado em metodologia do tipo "protocolo verbal" ou outras que nos dariam mais respaldo. Todavia, aceitamos correr o risco.

* Professores no Departamento de Letras da Universidade Estadual de Maringá, PR (UEM)

Algumas considerações sobre o processo de escrever

Ao se comparar o desenvolvimento dos estudos do processo da escrita com o dos estudos do processo da leitura, vê-se que o último apresenta-se mais amplo do que o primeiro. Durante os últimos 25 anos, deu-se ênfase ao estudo do processo de leitura em detrimento do processo de escrita, às vezes até relegando este último a segundo plano. O que se conhece sobre esse processo é fruto mais de experiências em sala de aula do que de estudos sistematizados sobre suas fases. Na realidade, tem-se um estudo maior da escrita enquanto produto e não enquanto processo.

No que se refere à sistematização dos processos de escrita, pode-se afirmar que a ênfase tem sido dada à fase inicial de aquisição da escrita, isto é, ao processo de alfabetização.

De uma perspectiva processual, na escrita, o produtor do texto deve fazer uso de planejamento, de produção e de uma série complexa de relações lógicas que articulam os elementos do seu discurso. E deve, ainda, levar em conta que o seu texto deverá ser entendido por um leitor [1].

Assim, o ato de comunicação verbal escrito deve caracterizar-se por envolver uma **relação cooperativa** entre produtor do texto e produtor da leitura, ou entre locutor e interlocutor, por transmitir propósitos e conteúdos, e por ter uma forma adequada à sua função.

A relação cooperativa entre o locutor e o interlocutor acaba por tornar-se um ponto básico para o ato da escrita. Segundo Câmara (1983:55), na situação de escrita:

> *Não há diante de nós um interlocutor, ou, pelo menos, um ouvinte concreto. É uma situação até certo ponto artificial nas leis naturais*

[1] Normalmente, define-se o interlocutor do texto como um "arquileitor", ou seja, um leitor virtual capaz de "decodificar" o produto. Todavia, os leitores são também concretos, e isso significa que, ao lerem, produzem , por sua vez, sentidos a partir do texto. Esses sentidos são construídos a partir de variáveis sócio-culturais e individuais. Essa "concretude" perturba, dada a heterogeneidade que se impõe entre o locutor, o texto e o interlocutor, o próprio processo da escrita, uma vez que as situações de escrita são também concretas e específicas, ou seja, **o problema é escrever para atingir um leitor**, e não uma grande abstração de leitor (arquileitor).

> *da comunicação lingüística, porque sentimos instintivamente a necessidade da presença de alguém a quem nos dirigir, quando usamos a linguagem.*

É justamente a falta de consciência da interlocução que acaba por macular o processo da escrita, tornando-o, muitas vezes, um ato egocêntrico, voltado somente para o locutor .

Essa consciência da interlocução refere-se à necessidade de criar - a partir da produção do texto e do texto enquanto produto (pois esse é o ponto de contato entre produtor e leitor) uma relação cooperativa entre locutor e interlocutor. Tal **falta** acaba por interferir no processo de produção do texto, pois deve-se lembrar que ***"além de nos fazermos entender pelos outros, temos de nos entender a nós mesmos"*** (Câmara, 1983: 14). Essa noção de interlocução leva à máxima principal do ato da escrita: quem escreve para alguém ler.

Está instaurado o problema e reconhecida a contradição que o fundamenta: o locutor deve considerar um interlocutor virtual. A contradição é que, nos vestibulares, a relação produtor-produto (vestibulando-redação) resulta de "um trabalho nas escolas de 1° e 2° graus, onde geralmente o professor é um corretor do texto do aluno" (Fiad e Mayrink-Sabinson, 1991:55). Dessa forma, o vestibulando, enquanto parte do processo de seleção, raramente considera que o seu texto será avaliado não por um "professor corretor", mas por uma banca de professores avaliadores.

Isso significa que, diferentemente da situação ideal da sala de aula em que o professor <u>corrige</u> e o aluno **refaz** a partir das instruções ou sugestões do professor-corretor, em situação de vestibular o professor-avaliador apenas identifica as marcas textuais que indicam o grau de competência do vestibulando na sua produção escrita. Logo, como em situação de vestibular o interlocutor é marcado (o mundo acadêmico) e não há como refazer o texto, instala-se uma crise permanente entre aquele que produz a redação e seus interlocutores, porque o primeiro normalmente ignora a necessidade de construir a relação cooperativa entre o seu texto e o leitor (o jogo complexo da interlocução).

A experiência tem demonstrado que é preciso considerar e valorizar, também, as idas e vindas da escrita, ou seja, a revisão e a reconstrução do texto que, se exercitadas, desenvolvem a consciência do produtor do texto sobre o papel da interlocução, o que em psicolingüística se denomina metacognição, uma vez que é um momento consciente do processo.

Nesse sentido, as novas propostas de reestruturação de ensino - como a do Estado do Paraná - apresentam ênfase na relação de interlocução. Na proposta da Secretaria de Educação do Estado do Paraná (1990: 06), com a qual convivemos mais diretamente, lê-se:

> *escrever é para alguém ler, reconhecendo que o interlocutor é um dos condicionantes de nossos textos e, em conseqüência, adequando-os às circunstâncias de sua produção.*

Essa proposta vem sendo estudada por todos os professores do Estado do Paraná, o que leva à suposição de que o trabalho de implantação vem sendo feito a contento. Porém, o que se percebe é que as atividades de escrita, na escola, permanecem simuladas e artificiais: **escreve-se para o professor corrigir e dar nota ao final do bimestre**[2]. O resultado dessa contradição manifesta-se no vestibular, já que o vestibulando estará **escrevendo como se fosse para um professor corrigir**.

Além disso, dado que a avaliação da produção textual do aluno pauta-se, normalmente, por uma prática irrefletida, alguns preconceitos daí emergem. Vamos, aqui, focalizar o mais óbvio deles.

No meio do caminho há um preconceito

Comecemos pela identificação de um preconceito: **as redações dos vestibulandos são sempre ruins.** Esse mito é socialmente cultivado tanto pela escola como pelos "cursinhos" e Instituições de Ensino Superior, e termina contaminando o imaginário do vestibulando bem como o dos professores que ocupam a posição de banca avaliadora, seja na escola, seja no vestibular. Não se nega, entretanto, a existência de redações mal

[2] No Paraná tal contradição tem uma base infra-estrutural: não há um plano de carreira que valorize de fato o trabalho do profissional de ensino (professor e demais cargos / funções). A jornada de trabalho permite tão somente que o professor ministre as suas aulas e não prevê horas-atividade para estudo e atualização de caráter permanente. Prova disso é a autorização do atual governo do Estado para que o professor assuma mais um turno de trabalho, além das 40 horas já assumidas. Finalmente, há que se considerar como entraves ao desenvolvimento de uma política educacional consistente a estrutura autoritária das relações entre o Estado e o Funcionalismo Público.

escritas e até mesmo ininteligíveis. O que não se pode é, por comodismo, aceitar a sedução desse mito que serve tanto para dar lucro e reforçar o autoritarismo nas relações professor-aluno quanto para manter a ilusão de **status** que cerca as instituições de ensino superior. Obviamente, se visto esse círculo vicioso com distanciamento crítico, não é difícil enxergar que a redação no vestibular, em muitos casos, encaixa-se na engrenagem e no discurso que justificam o fracasso escolar.

Por que o desempenho dos vestibulandos frustra as expectativas que o ensino superior nutre em relação aos seus virtuais alunos? De antemão, podemos dizer que há uma idealização de um perfil do aluno desejado que não corresponde ao do aluno real. Essa idealização rígida, por não conferir com o perfil do candidato que se apresenta a exame, acaba por gerar a crença de que a massa que presta concurso é sempre ruim no que se refere à produção escrita. E, dentre os "ruins", é preciso selecionar os "menos ruins". Todavia, o próprio vestibular, ainda que não seja o instrumento mais perfeito de seleção, tem servido também de avaliação dos graus anteriores (1° e 2°). Portanto, as possíveis falhas que esse instrumento aponta decorrem também do trabalho que se faz na escola de 1° e 2° graus.

Pode-se dizer que, de uma maneira geral, o vestibulando encara a prova de redação no vestibular como um "monstro". Esse clichê, entretanto, apresenta nuanças.

Em primeiro lugar, há que se considerar a heterogeneidade dos candidatos no que se refere à sua formação e preparo quanto ao domínio da escrita. Surge, portanto, um primeiro fator que extrapola o âmbito da prova de redação do vestibular, mas manifesta-se preferencialmente nela: o fator de ordem sócio-cultural. O que importa aqui é se o candidato teve ou não acesso à informação, se criou o hábito de ler e escrever, se teve apoio do meio (família, escola, instituições culturais etc.) para desenvolver-se enquanto cidadão que pensa, lê, escreve e, principalmente, expressa-se, manifesta-se.

O segundo fator é de ordem sócio-econômica, ou seja, **para ter acesso** à cultura, à escola, à leitura, à prática de escrita e de leitura, **o candidato precisa ter dinheiro**. E, obviamente, nem todos têm as mesmas condições financeiras em nossa sociedade.

É preciso ressaltar que, embora o segundo fator seja muito importante, ele não determina com exclusividade o desempenho do candidato em relação à produção escrita. Entretanto, na hora da prova, quando o candidato deve apresentar o produto de sua capacidade de formalização escrita, segundo as convenções privilegiadas pela academia, o que tem pesado mais é o segundo fator. É decepcionante constatar como, no Brasil das últimas décadas, esses dois fatores têm se tornado equivalentes, com o sócio-econômico, dada a incompetência no gerenciamento político-econômico da sociedade brasileira, determinando sobremaneira o sócio-cultural.

Em segundo lugar, há dois outros fatores que dizem respeito diretamente ao fracasso das produções escritas em situação de vestibular e que afetam sobretudo o vestibulando, sua produção e que contribuem para a criação da fantasia do "monstro":

1. a não-formulação clara, objetiva e pragmática dos **comandos**[3] da prova de redação;
2. a não-divulgação dos critérios pelos quais a redação do candidato será avaliada.

No que se refere ao primeiro item, pode-se dizer que é recente a preocupação com **a construção dos comandos** para as provas de redação. A produção escrita foi e tem sido solicitada, em muitas escolas, como um mero exercício para cumprir programa ou, então, quando os professores acreditam que o exercício da escrita contribui para atingir o objetivo do ensino de língua como etapa necessária para se atingir o objetivo geral da educação brasileira, que é ***"o pleno desenvolvimento da pessoa, seu preparo para o exercício da cidadania e sua qualificação para o trabalho"*** (Constituição Federal, art. 205, 2ª parte). Isso quer dizer que, nas aulas de produção textual, o professor, via de regra, fornece um tema e aguarda o aluno preencher um limite de linhas qualquer, previamente determinado ou não, que obedeça ao padrão formal considerado culto.

A questão pragmática da comunicação e, portanto, da produção escrita não é considerada. Esquece-se que se escreve para expressar-se, para influenciar, para seduzir, para contestar, etc, etc, etc. Daí, então, os

[3] **Comando** é como se denomina a questão-estímulo para que o vestibulando desenvolva uma redação no vestibular. O comando compreende desde a formulação da questão (o enunciado) proposta ao candidato, como a oferta de subsídios (textos e materiais de apoio) para o desenvolvimento de suas reflexões e de sua produção escrita.

comandos bem elaborados, objetivos, claros, com subsídios para o desenvolvimento da reflexão, não serem considerados necessários e, por isso, inexistirem. Todavia, com os avanços dos estudos na área da Linguagem, a questão pragmática se impõe e traz uma nova luz ao ensino de língua e literatura e, conseqüentemente, ao ensino da produção escrita.

As propostas oficiais de ensino que sofreram influência desses avanços são claras ao defenderem um trabalho com a produção escrita que considere marcas claras de locutor, interlocutor, intenções, propósitos etc., ou seja, a produção escrita é vista como uma das formas de interação social. E, como tal, é marcada por quem escreve, para quem se escreve, pelo recorte dado ao tema, pela ideologia subjacente ao produto da escrita. Para cada situação, um produto textual.

Retomando o fator número 1 (construção dos comandos), nota-se que as questões de redação de vestibular - elaboradas sem comando claro, objetivo, preciso e específico - deixam os vestibulandos desnorteados. Qualquer produto textual pode receber uma avaliação baixa, média ou alta, quando não se tem claro o que se pede. O vestibulando não sabe se o que produziu para aquele concurso, para aquela banca, está de acordo com a expectativa dos avaliadores ou não.

A tradição de ensino de língua portuguesa, como quase toda a tradição de ensino no Brasil, é muito autoritária, ou seja, o professor desenvolve atividades de leitura e escrita muitas vezes sem refletir sobre o que está elaborando, sem programar com clareza e objetividade os instrumentos de avaliação, sem que ele mesmo tenha clareza sobre o que quer como resposta às questões, exercícios e verificações de aprendizagem que propõe aos seus alunos. Ora, se não se tem claro o que se quer como resposta, não se pode formular nenhuma questão objetiva, precisa, rigorosa! Melhor dizendo: as questões propostas para a redação no vestibular raramente delimitam com clareza o interlocutor.

Além disso, há uma contradição flagrante, cuja origem está também na própria precariedade da infra-estrutura de trabalho oferecida pelas escolas: na prática escolar, é a oralidade que - ao contrário da escrita - predomina e é vivida como processo. Trabalha-se na oralidade boa parte do tempo em que o aluno permanece em sala de aula e, depois, exige-se desse mesmo aluno que tenha um desempenho satisfatório na escrita. O momento de formalização escrita é vivido, pois, como agônico, porque é o momento em que o aluno sente a contradição entre o modo de conduzir o processo de ensino-aprendizagem e o modo de avaliar seus produtos. Isso se problematiza com a não-instalação de um processo de retorno, de oportunidade de re-elaboração da produção escrita. Assim, a escrita é, desde muito cedo, vivida como angústia: é um tiro dado no escuro a partir do qual se triunfa ou se fracassa absolutamente.

Apenas recentemente é que os comandos das provas de redação, pelo menos no vestibular, vêm sendo melhor formulados. O resultado, pelo menos em relação ao vestibular da Universidade Estadual de Maringá, é bastante satisfatório. O índice de zeros por "fuga ao tema" do vestibular de 93, por exemplo, caiu de 25% para 2,5%. Isso significa que o vestibulando sabe o que deve escrever e o avaliador sabe o que deve avaliar, considerando o que foi solicitado ao candidato. E, agora, já estamos entrando no fator dois: a divulgação dos critérios de avaliação da prova de redação.

É preciso ulular o óbvio

Os critérios que servem de parâmetro para dizer se uma redação está **boa** ou **ruim**, se "merece zero, dois, oito ou dez", prendem-se usualmente ao grau de adequação da mesma ao padrão culto (correção gramatical).

Fora desse âmbito, é a intuição do professor que guia a avaliação da redação como sendo "boa" ou "ruim".

É importante observar que a atitude de avaliação em relação a um texto só se dá quanto a textos de alunos - o que vem a confirmar o preconceito já apontado (**as redações dos vestibulandos são sempre ruins**) que advém de outro preconceito mais geral: **a produção textual, se é de aluno, é ruim**. Via de regra, não se tem uma atitude avaliativa do produto textual quando esse está fora dos limites da escola. Em outras palavras: quando lemos um jornal, um artigo científico, não paramos para avaliar o produto textual. Avaliamos o "conteúdo", ou seja, se concordamos ou não com as "idéias" ali contidas. E avaliamos esses produtos textuais a partir de concepções interiorizadas que levam em consideração, muitas vezes inconscientemente, outros índices além dos lingüísticos. Melhor dizendo, levamos em consideração **quem** escreveu, em que veículo de comunicação escreveu, quando escreveu, que segmento da sociedade representa o produtor do texto, para quem escreveu ou a quem dirigiu o texto (qual o possível leitor do texto). Em suma, as "condições de produção do texto".

Não se procuram "erros" ou "desvios à norma padrão" em produções publicadas em jornal, revistas, livros, pelo menos não a priori. Somente em relação ao texto de aluno é que se tem uma atitude apriorística de que ali serão encontrados **erros**, especialmente os "gramaticais" (desvio do padrão culto).

Outros critérios para avaliar a "boa formalização" de um texto não são considerados.

Como o professor normalmente não explicita claramente os critérios da correção / avaliação, tomando-os como algo óbvio, o aluno não sabe por que recebeu x ou y como avaliação. O mesmo ocorre com a prova de Redação no concurso vestibular. Os parâmetros de boa formação textual aceitos pela comunidade não são, mas precisam, ser divulgados. Só recentemente os critérios de avaliação estão sendo veiculados. Todavia, a parcela da sociedade virtualmente interessada no assunto tem recebido informações vagas, salvo casos raros de trabalho mais efetivo de bancas de concurso de vestibular.

Dentre esses critérios, os mais utilizados são: coesão, coerência, pertinência do título em relação ao texto produzido, modalidade gramatical, tipologia de texto desenvolvida face à solicitação do(s) comando(s) e noção de autoria.

Convém ressaltar que o vestibulando ignora esses critérios, bem como muitos professores que ministram aulas de Língua Portuguesa-Redação.

Para não nos alongarmos num tratado sobre todos esses critérios, vamos aqui privilegiar a discussão de apenas um deles: a tipologia de texto.

As questões de redação têm direcionado com mais ênfase a produção de dissertação nos vestibulares; a narração continua sendo solicitada, ainda que com menor ênfase. Vale lembrar que a dissertação tem sido mais valorizada no vestibular por ser o tipo de texto que mais se adequa às expectativas do mundo acadêmico.

Dissertação: soluções cor-de-rosa para os conflitos do mundo

O modelo clássico da dissertação é ensinado nas escolas de 2°. grau, principalmente, de uma forma bastante genérica: introdução, desenvolvimento e conclusão. Qualquer livro didático traz esse "esquema" que deve ser "preenchido" na introdução pela apresentação da tese, no desenvolvimento pela apresentação dos argumentos e na conclusão que retoma e confirma a tese.

Ocorre que, de forma geral, para se apresentar uma tese (premissa atual) é preciso "dialogar" ou ter de alguma forma presente uma tese anterior (premissa anterior); para tanto é necessário um conhecimento prévio amplo e uma habilidade de questionamento do mundo. Os argumentos que defendem a tese e os contra-argumentos que "contestam" ou "destroem" a tese anterior também dependem desse amplo conhecimento prévio. A conclusão, por sua vez, será a decorrência da lógica deduzida das relações entre a tese e os argumentos que a sustentam.

Nos manuais didáticos, a exemplificação de textos dissertativos que segue esse padrão clássico é bastante reduzida, o que nos leva a deduzir que o trabalho em sala de aula é inconsistente. Por conseguinte, a produção do texto dissertativo acaba por apresentar problemas que se refletem em redações no vestibular.

Registramos aqui a ocorrência mais freqüente em redações de vestibulandos que refletem o "preenchimento" desse esquema de forma artificial.

O primeiro parágrafo, quase que invariavelmente, é a apresentação do assunto sem constituir-se numa proposição de tese. Os argumentos são desenvolvidos em um ou dois parágrafos que se relacionam com o assunto proposto. Todavia, a conclusão não decorre dos argumentos. E essa é a questão que queremos apontar.

Como as propostas de redação envolvem temas que implicam discussão e crítica, a conclusão nessas produções textuais aponta para uma solução do problema posto no início. E a solução não é proposta em decorrência dos conflitos apontados, é uma solução desejada, sonhada, pelo vestibulando (a maioria adolescente).

O mundo é bom e o amor até existe é uma proposição que sintetiza as conclusões dessas redações. Não importa qual é o conflito, a conclusão é, não raro, uma solução cor-de-rosa.

Evitando o conflito

No que se refere à narração, há pelo menos dois problemas a serem apontados. E ambos de ordem técnica: há uma confusão entre narrativa e relato; raramente a prática escolar trabalha com os diversos elementos que são comuns à narrativa e ao relato, mas apresentam nuanças diferenciadas num e noutro tipos de texto.

1. A diferença entre narrativa e relato reside no modo como o **conflito** é construído e explorado. Grosso modo, pode-se dizer que no relato o conflito é construído como uma referência e abordado com um tipo de distanciamento que minimiza a sua dramatização.

Já na narrativa, o conflito é dramatizado, ou seja, **sua construção é vivida na e pela linguagem**. E isso implica uma vivência do que seja o conflito, uma experiência que reconhece e incorpora o conflito como parte essencial da vida humana - é essa essência que deve ser expressa no texto.

Essa diferença não é reconhecida e nem trabalhada pela prática escolar. Em vestibulares, mesmo com instruções claras para que o vestibulando escreva uma narrativa, construindo e desenvolvendo um conflito, tem-se como produto relatos cujos conflitos, quando muito, são levemente referencializados;

2. Como a prática escolar não trabalha a diferença na construção do conflito na narrativa e no relato, os demais elementos que compõem a narração são também ignorados na produção textual.

A título de exemplo, podemos citar o comando da prova de redação do vestibular 93 da UEM, no qual solicitava-se a construção de personagens quando da elaboração do texto narrativo[4]. Muitos foram os casos em que as personagens - assim como o espaço, o tempo, a ação, e até mesmo o conflito - foram construídas e desenvolvidas como meras referências.

O aluno raramente é estimulado a refletir sobre a construção dos elementos que compõem o texto narrativo, a saber: personagem, tempo, espaço, ação, conflito, clímax, desfecho, narrador, foco narrativo, etc.

[4] O candidato podia escolher outras propostas além desta. As demais eram dissertativas.

Desse modo, ele tende a negligenciar a importância desses elementos quando redige e, normalmente, termina apresentando relatos que evidenciam a sua passividade e a sua dificuldade de posicionar-se, enquanto locutor de texto narrativo, em relação aos problemas que seus textos pretendem abordar.

Assim, o conflito não é vivido nem **na** linguagem, nem **pela** linguagem e permanece elidido da experiência do sujeito locutor de texto.

Considerações finais

Como se pode ver, tanto na produção do texto dissertativo como na do texto narrativo o problema apontado por nós - e muito semelhante ao citado por outras instituições de ensino superior - reside em falhas na estruturação do texto pelo seu locutor.

A questão da correção gramatical (adequação ao padrão culto) não chega a constituir um grave problema, como se divulga nos discursos difamatórios sobre a (in)competência dos alunos, em ilhas de desenvolvimento educacional do país.

Não se trata também de culpabilizar a estrutura e os limites da situação necessariamente tensa que caracteriza o concurso vestibular. O candidato "bem preparado" enfrenta com razoável eficiência o que dele se exige nas provas. Esse candidato foi "bem preparado" porque de alguma forma teve acesso aos bens culturais e aprendeu a cultivá-los.

Entretanto, pressupondo uma situação ideal em que todos estivessem em iguais condições, viria à tona o óbvio que nos recusamos a ver: só há concurso vestibular porque o número de vagas que o Estado oferece nas Instituições de Ensino Superior é limitado. Não há como aprovar todos os interessados. Daí, então, ser mais fácil dizer que **são poucos os bons e muitos os ruins.** O que, reconheçamos, não é rima e nem solução.

Bibliografia

CÂMARA Jr., Joaquim Mattoso. *Manual de expressão oral e escrita.* 7 ed., Petrópolis: Vozes, 1983

CHKLOVSKI, V. "Arte como procedimento". In: EIKHEMBAUM, B. et alii. *Teoria da literatura - Formalistas russos.* Porto Alegre: Globo, 1978.

FIAD, Raquel S. & MAYRINK-SABINSON, Maria Laura T. "A escrita como trabalho". In: MARTINS, M. Helena (org.). *Questões de linguagem.* São Paulo: Contexto, 1991.

FRANCO Jr., Arnaldo & VASCONCELOS, Sílvia Inês C.C. de. "Redação do vestibular: o grande desafio é a leitura". *Universidade e Sociedade.* Maringá, Universidade Estadual de Maringá, n.12:05 - 08, abr.\1992.

LOPES, Ana C. M. & REIS, Carlos. *Dicionário de teoria da narrativa.* São Paulo: Ática, 1988.

PARANÁ, Secretaria de Estado da Educação. *Restruturação do ensino de 2° grau no Paraná - Conteúdos essenciais.* Curitiba: SEED, 1990.

SANTOS, W. dos. *A verdade sobre o vestibular.* São Paulo: Ática, 1988.

TOMACHEVSKI, B. "Temática". In: EIKHEMBAUM, B. et alii. *Teoria da literatura - Formalistas russos.* Porto Alegre: Globo, 1978.

ARNALDO FRANCO JÚNIOR

Graduado em Letras-Português pela Universidade de São Paulo - USP
Mestrado em Literatura Brasileira - USP
Doutorado em Literatura Brasileira USP

SILVIA INÊS CONEGLIAN CARRILHO DE VASCONCELOS

Graduada em Letras-Português/Inglês no Instituto Universitário Paulista (SP)
Mestrado em Língua Portuguesa - PUC/SP
Doutorado em Língua Portuguesa - PUC/SP
Atualmente é Pró-Reitora de Graduação da UEM/PR

RENILSON JOSÉ MENEGASSI

Graduado em Letras-Português pela Universidade Estadual de Maringá
Mestrado em Lingüística pela Universidade Federal de Santa Catarina
Doutorado em Letras UNESP/Assis

A CONSTRUÇÃO DA LEITURA E ESCRITA NO ADULTO

Nerli Nonato Ribeiro Mori *
Sonia Maria Vieira Negrão Rossett *

Como é que um adulto analfabeto, ou em fase de alfabetização, opera frente à leitura e à escrita? Ou seja, como ele pensa e significa o mundo da escrita?

A epistemologia Genética e suas teses centrais - o construtivismo, o interacionismo, a equilibração, o realismo crítico, a continuidade do desenvolvimento por toda a vida - nos deu a conhecer os mecanismos envolvidos na construção do conhecimento. Os estudos de Emília Ferreiro e outros, realizados a partir deles, revelaram o universo mais específico da construção da leitura e escrita.

Para os estudiosos dessa linha, a alfabetização é um processo de construção que se realiza em etapas, as quais anteriormente eram consideradas como erros. Parece estar bastante difundida a idéia de que a criança que escreve AEA para "CANETA" não está cometendo um erro, mas está na fase silábica, na qual uma letra serve para designar a sílaba.

Se a compreensão dessa forma de pensar a leitura e a escrita é (ou está) relativamente tranqüila no que se refere às crianças, o mesmo não podemos dizer com relação aos adultos. São poucas as obras que trataram do processo de alfabetização destes últimos. A própria Ferreiro realizou uma pesquisa nessa área, porém ela não foi publicada no Brasil e apenas algumas cópias circulam nos meios acadêmicos.

* Professoras do Departamento de Teoria e Prática da Educação da Universidade Estadual de Maringá, PR (UEM)

No presente texto, propomo-nos a falar um pouco do que temos observado nas salas de alfabetização do Programa de Educação para Adultos, desenvolvido pelo Departamento de Teoria e Prática da Educação da Universidade Estadual de Maringá. Enfocaremos a questão do desenvolvimento da leitura e escrita no adulto, bem como a postura do professor numa prática pedagógica construtivista.

O desenvolvimento da leitura e escrita no adulto

Em *Los Adultos No Alfabetizados e Sus Conceptualizaciones del Sistema de Escritura*, Ferreiro e sua equipe tecem severas críticas às propostas de alfabetização que desconsideram, talvez por ignorância, aquilo que os adultos sabem. Como afirmam os autores, o respeito frente à pessoa analfabeta é um enunciado vazio quando não se sabe o que há para respeitar. Para que esse respeito seja também um respeito intelectual, é essencial que as ações pedagógicas se pautem pelo que o sujeito já construiu.

Assim, desenvolver uma ação centrada nas letras, sílabas, palavras geradoras ou textos, sem saber como conceitualiza o sujeito, ainda que logre êxito, é uma ação insuficiente e que pode até se chocar com o modo como ele percebe a escrita.

Pensando nos resultados alcançados anteriormente com crianças, os pesquisadores questionaram inicialmente:

- Encontrariam nos adultos concepções similares às das crianças?
- Em caso afirmativo, alguns dos níveis de conceitualizações evidenciados por crianças estariam ausentes nos adultos? Quais deles?
- Em caso de encontrarem conceitualizações diferentes daquelas das crianças, como poderiam compreender a reciprocidade entre umas e outras?

As semelhanças encontradas são notáveis em muitos aspectos. Assim como as crianças, os adultos manifestam a exigência de quantidade mínima e de variedade interna. Manifestam, também, similar distinção entre *o que está escrito* e *o que se pode ler*, bem como as mesmas dificuldades para manejar as relações entre o todo e as partes no nível da palavra escrita.

As semelhanças coexistem, no entanto, com diferenças marcantes como a forte distinção entre as grafias-letras e as grafias-números, juntamente com a possibilidade de cálculo mental que as crianças não possuem. Além disso, a concepção sobre as funções sociais da língua escrita, da necessidade de domínio dessa, também diferem.

No cotidiano de sala-de-aula, no Programa de Educação para Adultos, observamos que os iniciantes possuem um repertório de letras, de forma que os níveis mais primitivos de conceitualizações são praticamente ausentes. Nunca encontramos um adulto que não tivesse estabelecido a diferença entre letra e desenho.

Outra diferença entre alfabetizandos adultos e crianças está na forma de encarar as atividades de leitura e escrita. Enquanto as crianças se aventuram pelo universo da linguagem sem medo de errar, inventam palavras e compõem histórias repletas de "non-sense", os adultos são mais contidos, cuidadosos, preocupados em produzir conforme regras pré-estabelecidas.

A maioria dos adultos que freqüentam uma sala de alfabetização trazem na memória as lembranças de uma escola da qual - devido às exigências e metodologias incompatíveis com a vida que levavam - foram excluídos. Mas é essa escola das lembranças, objeto de temor e desejo, que boa parte dos alunos tenta (re)encontrar. Por isso, querem "ler de carreirinha", escrever bastante, ter uma cartilha para poder decorar as lições e encher folhas e mais folhas de cópias.

Quais as experiências escolares que esse adulto já teve? Como ele pensa aquilo que para o professor parece tão claro? Conheçamos um pouco da história de Tereza e um momento escolar que ilustra bem a importância de se conhecer a forma de pensar do aluno.

A história de Tereza

Tereza é uma mulher que sempre fez questão de desconhecer seus próprios limites, principalmente os que têm a ver com sua resistência física. Entre os colegas é conhecida como Tereza "pé de boi", porque não tem trabalho pesado para ela.

Em maio deste ano, durante a exposição agro-pecuária, ela manteve o seu horário como servente na Universidade, das 6.00 às 15.00 horas, depois ia para aula - que ela não perde por nada - até às 17.00. Às 18.00 horas ia para o parque, onde trabalhava na cozinha de uma barraca de alimentação. Ali, Tereza cozinhava, lavava e limpava. Quando chegava em casa, eram 5 horas da manhã; era só o tempo de tomar um banho, beber um café e já saía para a Universidade, começando mais uma jornada, a qual se repetiu por uma semana. Tudo isso para levar uma contribuição ao seu orçamento.

Estamos contando esse aspecto de sua vida para mostrar aos leitores que Tereza é uma mulher forte, corajosa e determinada; como ela mesma diz, nunca "foge da raia".

Mas, como em toda história há um senão, Tereza também tem o seu "ponto fraco", que, segundo ela, é não ter progredido na leitura e na escrita. Ela já freqüenta o Programa de Educação para Adultos há algum tempo. Chegou conhecendo um pouco do jogo silábico, o que lhe permitia ler palavras e frases simples.

Para conhecer melhor o esquema de leitura construído por Tereza, a professora manteve com ela um diálogo, o qual procuraremos reconstituir aqui:

P: - Tereza, como é que você faz para ler?

T: - *Não sei, eu leio, né!*

P: - Como você lê? Onde você olha? No que você pensa?

T: - *Bem, eu olho para as letras e também penso nelas.*

P: - Muito bem! Você olha para as letras uma por uma?

T: - *Primeiro é, depois eu junto com a letra que está do lado.*

P: - Para que eu entenda melhor, você pode me mostrar como você faz lendo este texto?

Aritana viu o rio.
Era o rio Amazonas.
O rio era largo e comprido.

T: - *"Arritana" viu o rio.*
Era o rio "Amazona".
O rio era "lago" e "copido"

E depois comentou:

T: - Está vendo! Se era um rio não pode ser um lago também! Não faz sentido! Por isso eu desanimo! Minha leitura é pouca e eu não entendo a história! Aí, eu esquento a cabeça e já desisto de ler.

P: - Eu entendo, Tereza! Só que ficar nervosa não ajuda muito, não é mesmo? Então, vamos procurar entender como você leu a palavra "lago".

T: - *Bem,* l *com* a, *faz* la. G *com* o, *faz* go. *Então, fica* lago.

P: - E esta letra aqui no meio, qual é o nome dela?

T: - *É o erre. Não é?*

P: - É, isto mesmo! Só que você não leu o erre, por quê?

T: - *Bem, é que ele está sozinho.*

P: - E quando a letra está sozinha não dá pra se ler?

T: - *Eu acho que não dá.*

P: - Mas ela precisa ser lida, se não fosse assim, não estaria aí, não é mesmo?

T: - *Mas como se lê uma letra sozinha? Eu sempre junto uma letra com a outra para poder ler!*

P: - Tereza, é necessário que juntemos as letras para que possamos ler o seu pensamento, correto. No entanto, me parece que você junta sempre "v" com "a e i o u"; "r" com essas mesmas letras,assim como o "d", o "l", o "m"...

T: - *É, "a e i o u" é um tipo de letra. Estas podem aparecer sozinhas. Já, o "v" o "r", o "d", estas são outras letras, não aparecem sozinhas. E sempre estão na frente.*

P: - Me dê um exemplo.

T: - *Caneta; mesa; vaso.*

P: - Ótimo! Então, olhe essas palavras:

ra	**ar**
rama	arma
rato	arte

O que acontece com a primeira parte dessas palavras, entre um e outro exemplo?

T: - *Bem, acho que está trocado. Aqui (apontando para a palavra "ar") o a está na frente, e aqui (mostrando o "ra") é o erre que está na frente.*

P: - E isso faz diferença na hora da leitura?

T: - *Está errado né, porque precisa ser primeiro o erre.*

P: - Veja Tereza, se você juntar o "a" com o som do "r", você vai ler "ar" (forçando o som do r). "Ar", você conhece alguma coisa que tenha esse nome?

T: - *"Ar", não é o que respiramos?*

P: - Isso mesmo! Então, apesar da letra "a" estar na frente, dá para se ler, faz sentido, não é mesmo?

T: - *Então pode aparecer trocado?*

P: - Pode, veja as outras palavras: rama, arma; rato, arte.

T: - *Sabe que eu nunca tinha pensado assim?*

P: - Agora leia esta frase novamente.

O rio era largo.

T: - *O rio era...O "r" está sozinho?*

P: - Não, o "r" faz parte do primeiro pedaço da palavra; qual é?

T: - *É o "la".*

P: - Muito bem! Agora coloque o som do "r" aí junto.

T: - *La..."rrrrr". Lar-go. O som do r parece uma pomba...Então fica "larrr"... Lar-go.Ah! agora faz sentido! O rio era largo...*

O diálogo prosseguiu, tendo como objetivo a compreensão da palavra "comprido" e reconstruindo com Tereza a sua hipótese de que somente podem ser lidas as palavras formadas por pedaços e de que em cada pedaço há uma consoante acompanhada por uma vogal.

Pensando a situação

A partir de uma postura de investigação, o alfabetizador encontra necessidade de conhecer o pensamento do alfabetizando, suas dúvidas, suas certezas e suas explicações a respeito do objeto em questão, a leitura e a escrita.

O diálogo começa com uma situação concreta e uma hipótese norteadora. O alfabetizador sempre tem uma idéia geral sobre o que quer investigar. Porém, é a fala do aluno que lhe orienta a direção a ser seguida e permite compreender o esquema de leitura apresentado por ele.

No caso de Tereza, o diálogo mostrou que ela acreditava serem as palavras formadas por sílabas, as quais, por sua vez, deveriam ser constituídas por uma consoante e uma vogal.

Trabalhando com o conhecimento que o aluno possuía - a sílabação -, a alfabetizadora partiu do jogo silábico, acrescentou informações de ordem fonética, para que Tereza percebesse que as sílabas não são formadas somente com uma consoante e uma vogal, que podem se apresentar em outra ordem, com consoantes intercaladas e com encontros consonantais.

Evidentemente que o diálogo aqui apresentado não foi suficiente para resolver os problemas de leitura de Tereza, mas criou um conflito cognitivo que a fez repensar e construir uma nova hipótese, certamente mais elaborada que a primeira.

Outro aspecto específico relacionado a uma postura construtivista é a importância de que o professor combine uma postura de investigador com um necessário conhecimento sobre as formas de apropriação da escrita.

É um equívoco pensar que ser construtivista é desprezar todo conhecimento relativo à alfabetização.

O alfabetizador deve estar atento aos conhecimentos que o aluno já possui e preparado para construir com ele novos esquemas de ação. Não basta desestruturar ou provocar conflitos cognitivos no aluno. Na continuação do processo, ele - o professor - pode lançar mão dos vários recursos metodológicos disponíveis sem, no entanto, priorizar o processo cumulativo simples de conteúdos, unidade por unidade dos mesmos.

Os alunos procuram ir sistematizando o que aprendem, põem à prova a organização alcançada através de atos efetivos de utilização do conhecimento adquirido. Assim, através de um processo de organização, desestruturação e reestruturação contínua, eles podem avançar seus conhecimentos.

Aprender a ler e a escrever é um processo difícil e exige acesso à informação socialmente veiculada, pois muitas propriedades da língua escrita só podem ser descobertas através de outros informantes e da participação em atos sociais, nos quais a escrita sirva para fins específicos. Portanto, além de identificar a natureza das dificuldades que se apresentam, é importante que o professor conheça os recursos e materiais existentes e escolha a melhor forma de trabalhar com o aluno.

Não estamos falando de ecletismo metodológico ou de receitas prontas para momentos específicos. Trata-se de utilizar um recurso necessário no momento adequado. É necessário e possível alfabetizar utilizando todo o arsenal de conhecimentos produzidos, desde que essa ação respeite o que o aluno já construiu antes dela.

Bibliografia

FERREIRO, Emília. Los adultos no alfabetizados y sus conceptualizaciones del sistema de escritura. *Cuadernos de Investigaciones Educativas*, México, Centro de Investigación y de Estudios Avanzados del IPN 10: 1 - 244, abril, 1983.

MORI, Nerli Nonato Ribeiro. (Org.) *Alfabetizando Adultos*. Maringá: Universidade Estadual de Maringá Departamento Teoria e Prática da Educação, 1992.

NERLI NONATO RIBEIRO MORI

Graduada em Psicologia pela Pontifícia Universidade Católica do Paraná

Mestre em Psicologia da Educação - Pontifícia Universidade Católica de São Paulo

Doutora em Psicologia Escolar - Universidade de São Paulo

Publicações:

- *Alfabetizando Adultos* (org.). Maringá: EDUEM, 1992

- *Uma Experiência de Alfabetização com Repetentes*. Porto Alegre: Editora Kuarup, 1994

SONIA MARIA VIEIRA NEGRÃO ROSSETTO

Graduada em Pedagogia - Universidade Estadual de Maringá

Mestre em Educação - Área de Concentração: Ensino na Educação Brasileira. UNESP/Marília

Doutoranda em Educação pela UNESP/Marília

A CONSTRUÇÃO DA ESCRITA NO ENSINO DE HISTÓRIA DAS CIÊNCIAS: UM EXEMPLO EM BIOLOGIA[1]

Luzia Marta Bellini[2]

Introdução

Os educandos dos Cursos de Ciências Biológicas, em sua maioria, ficam circunscritos ao espaço de seu conhecimento. A própria constituição das Universidades não permite o intercâmbio entre diferentes cursos como também não propicia um alicerce histórico e epistemológico que faça parte do trabalho pedagógico próprio de cada ramo de conhecimento.

Mas há exceções. O Curso de Ciências Biológicas da Universidade Estadual de Maringá, há pouco, inaugurou uma disciplina voltada para repensar o fazer científico, tendo como parâmetros as faces históricas e epistêmicas do processo de conhecimento.

Nesse sentido, as atividades acadêmicas dos alunos de biologia, normalmente permeadas pela linguagem biológica, são "obrigadas" a, pelo menos por um ano, desviar seu curso pela história da constituição de sua ciência. Essa obrigação passa por inúmeros

[1] Este artigo busca demonstrar o trabalho da construção da escrita na disciplina Fundamentos de Filosofia e Metodologia das Ciências, ministrada a alunos de biologia. Toma como exemplo um breve, mas interessante artigo de um educando do 2o ano do Curso de Ciências Biológicas/UEM-Pr.

[2] Professora do Departamento de Fundamentos da Educação, Área de Metodologia e Técnica de Pesquisa da Universidade Estadual de Maringá-Pr.

problemas propostos ao professor e ao educando. Como ensinar que as ciências têm história e como aprender a escrever sobre a história de nossas ciências?

O sentido histórico do conhecimento, a necessidade de caminhar pelos "passos" já traçados pelos cientistas, exige um percurso que, muitas vezes, dá à disciplina um "caráter caótico". Acostumados, desde o 1° grau, a um ensino que privilegia a transmissão do saber através de livros didáticos, os alunos não se sentem confortáveis em aulas nas quais assistem filmes, participam de debates, lêem outros livros, pois o que está em questão é o conhecimento como construção, e não como verdade pronta e absoluta. A escrita dos educandos também passa por este processo: deve ser construída, gradativamente, como parte da história de alunos que não só se apropriam do conhecimento da vida (biológico) mas podem se pensar como sujeitos constituintes desse conhecimento.

Ler Charles Darwin e escrever sobre a profissão do biólogo.

Uma das experiências mais gratificantes no ensino da disciplina *Fundamentos de Filosofia e Metodologia da Ciência* foi a produção de um texto sobre um dos capítulos do livro Viagem de um Naturalista ao Redor do Mundo, de Darwin, realizada por Elisa Sandra Tanaka, aluna do 2° ano de Biologia.

O artigo de Tanaka, Anotações sobre o Livro *Viagem de um Naturalista ao Redor do Mundo*[3], é muito sensível. Com grande habilidade, a autora transporta o clima do *Diário de Darwin* ao seu cotidiano de estudante de biologia. Um cotidiano, diga-se de passagem, cheio de lições de genética, fisiologia, bioquímica, de preocupações com o fazer acadêmico, suas avaliações e testes, e com a futura profissão de professora e/ou cientista.

Elisa Tanaka comenta Darwin, e, ao fazê-lo, transpõe a leitura do capítulo II, "*Rio de Janeiro*", ao seu processo de educanda, vislumbrando um possível futuro de educadora. A autora coordena as noções apreendidas na leitura com as suas experiências de aprendiz da biologia.

[3] Publicado no Informativo da Universidade Estadual de Maringá-Pr. Ano III, n° 139. Publicação Interna, de 4/6/1993.

> *"A leitura de uma parte do diário de Charles Darwin, de 1845, trouxe grandes mudanças intelectuais para mim. Aprendi um pouco mais o que é ser biólogo. Este grande pesquisador e cientista não só analisava a natureza como material científico, mas incorporava este em sua vida".*

Atenta às anotações de Darwin sobre as espécies animais e vegetais do norte de Cabo Frio e da Bahia de Botafogo, a autora / educanda faz uma leitura significativa das descrições das planárias terrestres, das rãs musicais, dos insetos fosforescentes, do estalido das borboletas, das formigas, vespas e aranhas.

> *"Fato marcante deste diário, digamos melhor, a qualidade deste impresso é a minuciosidade das observações dos fatos, fazendo-nos sentir como se estivéssemos vivendo as descobertas".*

Vivenciar as descobertas de Darwin como se fossem suas próprias, levou a autora a procurar compreender o papel do biólogo em sua atividade científica. O que é ser biólogo? Como ele deve agir? Elisa descobre um novo cientista lendo Darwin e escreve em seu texto o que aprendeu com o *Diário*:

> *"Pude aprender que o bom biólogo é aquele que observa tudo ao seu redor, seja significativo ou não. Não existindo senso de ridículo, o mais importante é a descoberta de novas teorias e conceitos científicos".*

Considerando a leitura de Darwin como uma "pitada" de filosofia para e na biologia, a aluna fala dos erros na ciência.

> *"A filosofia na biologia trouxe consigo grandes benefícios. Um deles é mostrar que a verdadeira sabedoria consiste em ter opiniões e conceitos, sejam científicos ou não, passíveis de erro. Para entender melhor essa idéia, lembramo-nos do filósofo Giordano Bruno; suas teorias estavam corretas, mas não eram aceitas pela igreja do século XVI, pois esta achava que não era passível de erro".*

Em Darwin, a autora encontra um sábio observador. Um observador não só da vida das borboletas e de outras espécies animais, mas também da escravidão a que os negros estavam submetidos no Brasil. Tanaka admira em Darwin o cientista que descreveu a natureza e também aquele que foi capaz de mostrar a relação desumana entre o senhor e seu escravo.

"Darwin era realmente um grande observador. Tanto de biologia como da psicologia. A análise psicológica fica clara com a observação feita por ele da atitude do escravo quando Darwin passou a mão próximo do seu rosto. O escravo se viu ameaçado de ser esbofeteado. Nesta atitude, Darwin nos mostra que o homem não é só capaz de domesticar os animais irracionais, mas também o próprio homem. Anterior a esta cena, ele fala que não há limites para o egoísmo humano".[4]

Um dos grandes "saltos" da autora foi o de distinguir dois níveis de domesticação: o dos animais e o do próprio homem. A construção que Darwin faz de uma pequena parte da história das ciências abre-se, de modo incrível, à história da dominação do homem pelo homem. A noção de história se amplia e ganha espaço para buscar o conhecimento psicológico e o social / cultural.

"Esta leitura trouxe experiências muito significativas para mim, pois Darwin mostrou-me que o biólogo não deve ater-se somente aos estudos biológicos, mas deve ampliar seus conhecimentos, invadindo outras áreas, buscando equilíbrio intelectual, emocional, pessoal e para a sociedade, tendo visões amplas e flexíveis a mudanças. Como futura orientadora educacional ou analista de pesquisas, o meu objetivo é proporcionar ao indivíduo meios científicos para descoberta de novos conceitos e teorias, sejam científicas ou não".

Ler Darwin foi, digamos, uma experiência para a escrita da vida de educanda / bióloga / educadora. A autora, ao ler o *Diário*, reconstituiu as idéias de Charles Darwin retomando as suas próprias intuições, idéias e experiências de aluna do Curso de Ciências Biológicas. Seu mundo, povoado pelo aqui-agora de um curso

[4] Diz Darwin em seu *Diário*: Não há limites, pode-se dizer, à cegueira do interesse e do egoísmo. A seguinte ocorrência, que se passou comigo, impressionou-me muitíssimo mais intensamente de que qualquer história de crueldade que eu pudesse jamais ter ouvido. Aconteceu que, certo dia, atravessando um "ferry" em companhia de um negro que era excessivamente estúpido, a fim de ser compreendido, passei a falar alto e gesticular. Devo, em algum momento, ter-lhe passado a mão próximo do rosto, pois, julgando talvez que eu tivesse irado e fosse batê-lo, deixou penderem os braços, com fisionomia transfigurada pelo terror, e os olhos semicerrados, na atitude de quem espera uma bofetada da qual pretende esquivar-se. Nunca hei de esquecer da vergonha, surpresa e repulsa que senti ao ver um homem tão musculoso ter medo até de aparar um golpe, num movimento instintivo. Este indivíduo tinha sido treinado a suportar degradação tão aviltante que a da escravidão do mais indefeso animal", p.9.

universitário, expandiu-se em direção ao passado (em Darwin), ao presente (como educando) e ao futuro (como educadora). Sua escritura foi realizada numa constelação de descobertas, preocupações, dúvidas e certezas, na qual Darwin foi a estrela maior. Assim, a leitura de um capítulo do livro Viagem de um Naturalista ao Redor do Mundo resultou num breve, mas brilhante e sensível escrito.

A título de uma possível conclusão

A tarefa da escrita é encarada com complexidade pelos alunos e, de fato, a ela antecede a leitura, o interesse, a reflexão, o debate. Não há escrita possível sem a leitura solitária, sem o trabalho artesanal de cada educando. Não se transmite conhecimento, nem mesmo o da escrita. É o educando que aprende nas aulas, nos livros, nos debates, nos filmes, refletindo sobre os problemas, propondo uma direção ao conhecimento e se lançando à aventura da escrita.

Nesse percurso há, de fato, uma sobrecarga cognitiva que os alunos sentem como complexidade e dificuldade. No entanto, a aprendizagem da escrita parece ter um caminho que se inicia pela sensibilização de esquemas mentais ou psicológicos.[5]

É o que podemos observar no texto de Elisa S. Tanaka: uma vez sensibilizada, a autora vai coordenando, aos poucos, suas idéias com as do texto, construindo algo novo, que não é a história do evolucionismo de Darwin nem a sua experiência como acadêmica, mas são esses dois aspectos do conhecimento sob uma nova perspectiva. A escrita da autora mostra uma capacidade de ir além do texto lido, ainda que permaneça evidente que foi orientada por ele.

A estruturação do artigo de Tanaka aponta para uma profunda descoberta - não só a de um importante autor, Darwin, mas a da própria educanda como futura profissional em ciências. Uma aprendizagem, por certo: a de sujeito de sua própria descoberta, a descoberta do lugar da criação científica e da ação do cientista e/ou professor na escola e na sociedade.

[5] Outra aluna por ocasião da morte de Albert Sabin, leu o texto da Folha de São Paulo e reescreveu a notícia com o seguinte título: "Ativo como um vírus", numa redação bastante rica do trabalho do descobridor da vacina contra a poliomielite.

Bibliografia

DARWIN, Charles - *Diário De Um Naturalista Ao Redor Do Mundo*. São Paulo: Ed. Abril, s.d.

TANAKA, Elisa Sandra. *Informativo da Universidade Estadual de Maringá* Ano III, nº 139. Publicação Interna de 04.06.1993.

LUZIA MARTA BELLINI

Graduada em Ciências Biológicas pela USP - Ribeirão Preto.

Mestrado em Educação - Área de Pesquisa Educacional pela Universidade Federal de São Carlos, SP.

Doutorado em Psicologia Social pela USP.

Além de diversos artigos publicados no Brasil e exterior, é autora dos seguintes livros:

- *Reich e Piaget: afetividade, inteligência e auto-regulação.* Pela Summus editorial, SP

- *Educação, construtivismo e ética.* Pela Editora/Gráfica São Paulo de Porto Ferreira, SP

- É co-autora do Livro: *O público e o privado na educação: a experiência da privatização do ensino em Maringá e temas afins.* Publicado pela Secretaria Municipal de Educação de Maringá, PR.

O PROCESSO DE ESCREVER E A PRODUÇÃO DO CONHECIMENTO EM EDUCAÇÃO FÍSICA

Juarez Vieira do Nascimento *

Ruy Jornada Krebs **

Introdução

O objetivo deste estudo é discutir sobre os significados e as determinações do processo de escrever em Educação Física, pois acreditamos que essa ação seja indispensável à produção, à sistematização e à socialização do conhecimento da área. Também buscamos, neste estudo, estabelecer relação entre o processo de escrever e o processo de teorização na área, bem como a determinação de tendências na produção científica em Educação Física.

Os profissionais da área têm procurado abordar diversos aspectos que compõem a Educação Física, utilizando-se de enfoques diferentes e metodologias adequadas para cada situação, indicando que o processo de escrever significa algo mais do que a simples ação de registrar fatos e experiências vivenciadas, na tentativa de sistematizar o seu necessário corpo de conhecimento.

O processo de escrever em Educação Física busca, especialmente, a integração de conhecimentos científicos com os procedimentos adotados pelo profissional, além de ser uma das formas de oportunizar o acesso ao conhecimento produzido.

* Professor Assistente do Departamento de Recreação e Prática Desportiva do CDS/ Universidade Federal de Santa Catarina.

** Professor Titular do Departamento de Métodos e Técnicas Desportivas do CEFD/ Universidade Federal de Santa Maria, RS.

Nesse contexto, Soares (1991:56), embora considere os eventos científicos como uma vitrina para a veiculação da produção do conhecimento, acredita que "*... o texto escrito seja ainda a forma mais democrática, de maior e mais fácil acesso, mesmo quando não publicado em periódicos* " para não se perder na oralidade o conteúdo revelado apenas aos participantes de determinado evento científico.

O processo de escrever e a teorização em educação física

O processo de escrever pode ser relacionado com a produção do conhecimento que procura estabelecer um processo de teorização em Educação Física. A teorização implica a construção de novas idéias, na elaboração de novas perspectivas e na deliberação de múltiplas possibilidades de mudanças e ajustamentos na estrutura da Educação Física (Bressan, 1987 apud Faria Junior, 1991).

Para Betti (1987), o domínio de princípios teóricos comprovados cientificamente permitirá ao profissional lidar melhor com as questões práticas. Dessa forma, o autor indica o estabelecimento necessário de diferenciação entre o conhecimento científico e o senso comum. O conhecimento produzido cientificamente procura utilizar uma linguagem que possibilita o diálogo, permitindo generalizações, leis e princípios universais, utilizando-se de mecanismos próprios de divulgação e metodologias rigorosas que delimitam a produção do conhecimento. Por outro lado, o senso comum está baseado na tentativa e erro, na experiência profissional, na sensibilidade, na capacidade individual de resolver questões teóricas.

Entretanto, o processo de teorização não pode ser identificado como uma oposição entre a teoria e a prática, mas caracterizado como agente mediador dessa relação. Nesse sentido, Betti (1987:156) afirma:

> "*a função da teoria é compreender, explicar e, eventualmente, indicar opções para a transformação da prática... A teoria alimenta a prática, e esta realimenta a teoria, num movimento contínuo. É a praxis*".

Sobre esse aspecto, Farinatti (1992:57-58) comenta que *"é preciso que haja real interesse na interação entre o que dizem os teóricos e pesquisadores e o que entendem e fazem os professores em geral"*. O autor evidencia também a necessidade da existência do processo de intermediação da teoria-prática na construção de uma teoria da Educação Física, ou seja, da integração entre o que se produz e o que se usa em termos de conhecimento em Educação Física em relação a sua vivência em determinadas situações práticas.

A contribuição do processo de teorização em Educação Física está relacionada com o auxílio na definição de sua identidade, que poderia proporcionar a sua autenticidade e especificidade, e na busca de modelo conceitual que delimitaria o corpo de conhecimentos que fundamenta e dá suporte teórico para a preparação e atuação profissionais (Tani, 1992). Esse processo sugestiona e motiva os profissionais da área para a constante preocupação com a busca de seu referencial teórico, que tem sido abordada de forma diferente por alguns autores.

A busca do referencial teórico da Educação Física Brasileira, conforme Bracht (1989), apresenta a existência de diferentes interpretações ou concepções teóricas que procuram a legitimação da Educação Física na escola. Entretanto, o autor acredita que o desenvolvimento de um corpo teórico que procure a sua intermediação com o meio ambiente seja necessariamente uma tarefa dos profissionais da área para a busca da autonomia pedagógica da Educação Física.

Por outro lado, a Educação Física, ao se utilizar da combinação de várias ciências para determinar o seu corpo de conhecimentos, pode ser considerada como uma disciplina pré-paradigmática (Farinatti, 1992). A superação dessa situação vai além da simples questão de substituição terminológica, mas implica a construção de novos princípios que ocasionariam o surgimento de uma teoria básica. Essa proposição também é confirmada por Gaya (1989) e Sobral (1992), que salientam a necessidade do desenvolvimento de uma teoria geral aplicada em Educação Física, capaz de orientar os problemas abordados pelas diferentes correntes de pensamento existentes na área e determinar os necessários pressupostos conceituais.

O novo dimensionamento teórico para a Educação Física, segundo Gaya (1989) e Farinatti (1992), seria construído a partir da problematização do corpo de conhecimentos existente e de questões específicas da área, que utilizaria como paradigma o movimento humano para permitir a compreensão do homem em sua totalidade, a concretização da relação teoria-prática e da interação homem-ambiente. Esse dimensionamento teórico torna-se necessário, conforme Gaya (1989), para evitar o processo de parasitação das disciplinas ou de ciências já estruturadas ou sedimentadas.

Embora existam inúmeras iniciativas para o alcance de uma teoria que venha atender aos desafios dos profissionais da área, um dos caminhos apontado por Farinatti (1992) é a valorização e a legitimação da atuação do professor de Educação Física na escola. O autor acredita que a construção e o fortalecimento da Educação Física como disciplina acadêmica determinaria o seu campo individual de atuação na sociedade em geral, especialmente de seu papel e de suas implicações recíprocas. No entanto, o autor refere também que contribuições para a evolução de uma teoria da Educação Física viriam do investimento dos centros de formação de recursos humanos e de produção de conhecimentos em questões específicas da área.

Entretanto, com relação a esse aspecto, Sobral (1992, p. 57) afirma:

> *"Há, fora do território desta comunidade científica, uma noção muito generalizada de que os investigadores são cada vez mais brilhantes mas, os seus trabalhos estão cada vez mais afastados do sentido prático das coisas".*

Para superação dessa dificuldade, o autor sugere a realização de pesquisas que procurem investigar problemas reais e concretos da área, ao invés de buscar apenas a satisfação profissional de pesquisadores e/ou o desenvolvimento de suas disciplinas particulares. Sugere também a preocupação com a utilização de linguagem clara e operante, que favoreça o acesso dos demais profissionais da área às contribuições dos pesquisadores.

Essa situação também foi detectada por Tani (1992a), que, ao analisar a contribuição das pesquisas em aprendizagem motora para o desenvolvimento da Educação Física, ou seja, suas implicações com as situações práticas da área, reconheceu que, embora exista um corpo de conhecimentos considerado razoável, as pesquisas não estão sendo suficientes para provocar mudanças significativas na prática da Educação Física.

Na tentativa de buscar solução para a integração entre teoria e prática, esse autor sugere a necessidade de mudança de paradigma nas pesquisas básicas com utilização de abordagens mais complexas, e também a distinção clara das características, potencialidades e limitações das pesquisas básica e aplicada na área. Nesse sentido, propõe a realização de pesquisas de integração e síntese de conhecimentos, cuja preocupação central seja a verificação da aplicabilidade dos conhecimentos adquiridos numa situação real de ensino-aprendizagem.

Contudo, ao reconhecer a complexidade desse problema, especialmente da existência de fatores que influenciam a aplicação de conhecimentos apropriados nas situações práticas, tais como a natureza do conhecimento, a atitude frente ao conhecimento, o compromisso com mudança, as condições de trabalho e características da prepararão profissional, Tani (1992a:71) esclarece que as soluções também são complexas, destacando que as mudanças precisam iniciar no modo de pensar e agir dos profissionais da área, na medida em que "*(...) os pesquisadores considerassem a situação real de prática com mais atenção e os professores deixassem de evitar conhecimentos ou teorias simplesmente porque acham que são abstratos e complexos*".

Os modelos conceituais em educação física

Para abordar a problemática da produção do conhecimento em Educação Física, torna-se necessária a discussão dos modelos conceituais. O modelo conceitual proporciona a delimitação do conhecimento, que além de fundamentar e dar suporte teórico à preparação e atuação do profissional da área, oportuniza a análise das tendências e da qualidade da produção. Com relação a essa tarefa, algumas propostas ou alternativas têm sido apresentadas.

A importância de um modelo conceitual que procura estabelecer processo de teorização na preparação e atuação do profissional pode ser visualizada no modelo esquemático de preparação profissional em Educação Física proposto por Tani (1992b). O autor apresenta a existência das dimensões de fundamentação teórica e dos procedimentos como elementos determinantes na preparação e atuação profissional da área. Nesse modelo, a dimensão teórica está dividida em três aspectos, denominados de biológico, neuro-comportamental e sócio-cultural. A dimensão dos procedimentos está caracterizada em aspectos relacionados ao método, objetivo e conteúdo. A integração entre as duas dimensões é ressaltada como necessária para proporcionar a devida segurança ao profissional no exercício da sua profissão. Na dimensão teórica, considerada pelo autor como pouco desenvolvida pela área, existe uma tendência em priorizar os aspectos biológicos. Contudo, os aspectos neuro-comportamental e sócio-cultural, considerados essenciais para a formação do profissional, parecem ser desconsiderados porque praticamente inexistem nas estruturas curriculares dos cursos de graduação da área. Outro aspecto salientado pelo autor é que inexistem ou são pouco freqüentes as preocupações de integrar os procedimentos com a fundamentação teórica, o que determina conseqüentemente a falta de consciência e convicção ao profissional da área na sua atuação profissional e também inadequações dos procedimentos didático-pedagógicos utilizados.

Esse modelo conceitual parece servir de referencial ao autor em momentos distintos para abordar o movimento humano (Tani, 1991) e o esporte (Tani, 1992) como objetos de estudo da área de Educação Física e esportes. Embora os temas sejam diferentes, a abordagem é realizada procurando salientar a importância da fundamentação teórica e dos procedimentos, bem como de sua necessária integração para sistematização do corpo de conhecimento da área.

Tani (1991:67), ao definir o movimento humano como objeto de estudo e aplicação da Educação Física, propõe como especificidade da área, além da aprendizagem do e através do movimento, a aprendizagem sobre o movimento, que significa *"a aquisição do corpo de conhecimentos racionais e objetivos sobre o movimento humano"*. Esse corpo de conhecimentos, segundo o autor, poderá ser produzido por estudos abrangentes e profundos, desde o nível de análise bioquímica do movimento à análise sócio-cultural, para permitir na Educação Física Escolar *"(...) a transmissão de conceitos, processos e procedimentos para caracterizar o movimento como um importante aspecto biológico, psico-social e cultural da vida do ser humano* ".

Por outro lado, na abordagem do esporte como também objeto de estudo da área, Tani (1992c) propõe um modelo que enfatiza a construção do corpo de conhecimentos sobre o esporte a partir do desenvolvimento de pesquisas básicas e aplicadas em diferentes áreas temáticas. Nesse modelo, as pesquisas básicas procurariam o desenvolvimento das áreas de biodinâmica, psicodinâmica e sociodinâmica. Na área de biodinâmica, o esporte seria analisado em nível bioquímico, fisiológico e biomecânico. Na psicodinâmica, a ênfase dos estudos seria no controle motor, aprendizagem motora e desenvolvimento motor. O aspecto cultural do esporte seria enfocado pela área sociodinâmica, especificamente do ponto de vista filosófico, sociológico e histórico. As pesquisas aplicadas seriam desenvolvidas nas áreas de pedagogia do esporte e treinamento esportivo.

Com relação a esta abordagem, Bento (1993:6) esclarece que os conhecimentos "*(...) serão conseguidos por uma ciência que tenha precisamente como objeto o "desporto " em toda a pluralidade e abrangência dos seus sentidos, finalidades e modelos* "e as teorias elaboradas por suas disciplinas científicas poderão tornar a prática profissional mais fundamentada. Esses conhecimentos, segundo o autor, serão desenvolvidos pela *Ciência do Desporto* a partir da superação da unidimensionalidade característica da formação nessa área, e não pelas ciências estranhas ou exteriores ao fenômeno do desporto. Assim, a *Ciência do Desporto* é apresentada como referencial para a formação e atuação no campo pluridimensional de trabalho da área.

Os estudos apresentados indicam que a partir de um modelo conceitual abrangente, envolvendo a integração entre fundamentação teórica e procedimentos na preparação e atuação do profissional, pode-se delimitar o corpo de conhecimentos com modelos conceituais específicos que procuram identificar o objeto de estudo e aplicação da área. Esses modelos conceituais seriam capazes de determinar a aquisição de conhecimentos aprofundados, a criação de instrumentos de análise e o estabelecimento de diretrizes básicas para a preparação profissional, no sentido de atender e transformar o mercado de trabalho.

As tendências da produção do conhecimento em educação física

A análise das tendências e da qualidade da produção do conhecimento em Educação Física tem suscitado, conforme Faria Junior (1991), a realização de vários estudos. Desses são destacados pelo autor os estudos desenvolvidos por Faria Junior (1987, 1991), Sobral (1992), Gaya (1990) e Gonçalves e Vieira (1989).

Em estudos dessa natureza, a produção do conhecimento tem sido abordada a partir de modelos conceituais, também denominados de quadros de classificação ou grelhas. Esses modelos são apresentados como necessários para auxiliar na determinação dos rumos das pesquisas realizadas e proporcionar melhor visualização da totalidade da produção científica da área.

No âmbito do Conselho Nacional de Desenvolvimento Científico e Tecnológico, a Educação Física encontra-se caracterizada como componente do setor saúde, conjuntamente com as áreas de medicina, odontologia, nutrição, fisioterapia, enfermagem entre outras. Alguns fatores podem ser apontados para justificar essa classificação, mas razões históricas do desenvolvimento da área são apresentadas freqüentemente como principais determinantes dessa situação.

Gonçalves e Vieira (1989), em estudo de caracterização quantitativa da produção científica em Educação Física no Brasil no triênio 1984-1986 no âmbito do CNPq, apresentam um modelo de classificação da produção do conhecimento dividido em três segmentos básicos, que são subdivididos em sub-áreas temáticas, conforme classificação adotada por Tubino (1984). O quadro de classificação apresenta o segmento biomédico composto pelas sub-áreas de medicina desportiva e ciências do exercício, aprendizagem motora, biomecânica, desporto e genética, saúde e nutrição, cineantropometria e psicologia desportiva. As sub-áreas de pedagogia, antropologia, filosofia e história compõem o segmento humanístico, enquanto que a dança, ginástica, recreação e lazer são consideradas as sub-áreas do segmento gímnico-desportivo.

Os resultados do estudo indicam o predomínio de produção no segmento biomédico e o humanístico sobre o segmento gímnico-desportivo. A produção científica da área foi considerada pequena, e parece refletir o momento histórico de crise de identidade da

Educação Física e a conseqüente falta de clareza da política adotada na época para o seu desenvolvimento científico. Um aspecto que ficou evidente, no modelo conceitual elaborado no estudo, é que os critérios adotados para classificação, embora não apresentados claramente no estudo, não podem ser considerados suficientes para delimitar a amplitude e aplicação dos campos de cada sub-área. Esse modelo reflete em parte o momento histórico no qual a área estava atravessando na época e especialmente caracteriza a sua produção de acordo com as disciplinas ou ciências que lhe proporcionam suporte teórico.

Faria Junior (1992), por sua vez, propõe um quadro de classificação das pesquisas aplicadas à Educação Física, identificando enfoques e ênfases das investigações realizadas na área, no qual apresenta a existência de enfoques filosófico, sócio-antropológico, biológico, promoção da saúde, técnico e pedagógico. Esse quadro de classificação, baseado segundo o autor num modelo heurístico, mostra que os resultados das pesquisas são determinados e influenciados, além das estratégias de investigação, pelo enfoque e ênfase escolhidos pelo pesquisador. A produção científica da área no período entre 1975 e 1984 foi analisada a partir deste modelo conceitual (Faria Junior, 1987 apud Faria Junior, 1991). O estudo aponta a implantação do sistema de pós-graduação no Brasil e o trabalho da comissão de pesquisa em Educação Física do Ministério da Educação e Cultura como os fatores que contribuíram para o surgimento e desenvolvimento do enfoque pedagógico nas pesquisas nesse período. O autor considera também que o surgimento dessa tendência pedagógica no Brasil evidencia o início do pluridirecionamento dos enfoques da investigação, embora o enfoque biológico permanecesse predominante na área.

Gaya, Marques e Bento (1992a), em estudo exploratório para delinear o perfil da produção científica do 1° e 2° Congressos de Educação Física dos Países de Língua Portuguesa, utilizaram um modelo conceitual adaptado do proposto por Faria Junior (1987). No estudo, ficou evidenciada a predominância de trabalhos apresentados com abordagens pedagógicas, biológica e de treino desportivo. Embora tenha havido maior incidência de investigações na área pedagógica, os autores identificaram a existência de multidisciplinaridade com a apresentação de trabalhos nas diversas áreas de conhecimento e o crescimento na abordagem nas áreas sócio-antropológica e filosófica.

Os modelos conceituais elaborados pelos pesquisadores oportunizam a análise da tendência da produção científica em Educação Física em determinados momentos do seu desenvolvimento. A diversidade das dimensões ou áreas que têm sido enfocadas, o crescimento da abordagem em algumas áreas, bem como o predomínio de algumas sobre as demais em diferentes momentos, indicam a multiplicidade da produção na atualidade e também que essa parece acompanhar os momentos que a Educação Física foi submetida no contexto nacional. Essa última tendência também foi observada por Laborinha (1991) a partir do estudo das publicações da área, desde o período da República Velha até as publicações mais recentes desta década.

A produção científica da área tem apresentado, segundo Sobral (1992), algumas limitações. A falta de domínio da problematização é geralmente compensada pelo excesso de formalismo e a sua configuração heterogênea procura salientar a acumulação de fatos em prejuízo da construção da teoria. Para ultrapassar essas limitações ou superar os problemas de produção do conhecimento da área, o autor propõe o cultivo do pensamento divergente, a problematização a partir dos fenômenos e não dos quadros de interpretação, o desenvolvimento da crítica e a formulação de teoria, a definição de problemas mais amplos com utilização de metodologias mais abrangentes nas investigações.

A superficialidade da produção científica pode ser explicada a partir da falta de uma estrutura paradigmática da Educação Física (Gaya, 1989). O autor apresenta como proposta de superação do "empirismo ativista e do intelectualismo militante" existentes na área, a definição de uma estrutura paradigmática da Educação Física, onde o movimento humano possa ser entendido em sua complexidade como um sistema físico, biológico, psicológico, antropológico e social.

Apesar de serem vários os argumentos e indicadores do caráter multiforme das investigações, o fato da existência do processo de fragmentação do conhecimento não pode ser ignorado. O problema da fragmentação do conhecimento não é devido somente ao desenvolvimento de pesquisas que procuram enfocar aspectos cada vez mais específicos sobre o fenômeno movimento humano. Esse problema também é percebido nas pesquisas que procuram o acúmulo de dados desconexos e a coleção de discursos especulativos e redundantes, em detrimento do progresso da estrutura teórica que possa proporcionar suporte teórico à área. A diversificação de conhecimentos tem acompanhado também o processo de especialização na área, com a diferenciação em diversas subdisciplinas que investigam, sob diferentes pontos de vista e interesses específicos, a complexidade do movimento humano.

Conclusão

Como resultado desta discussão, parece possível delinear algumas considerações sobre o processo de escrever em Educação Física que possam ser remetidas à questão da produção de conhecimentos na área.

Neste estudo procurou-se salientar o estabelecimento de um processo de teorização com a ação de escrever em Educação Física. Um processo, mediador da relação teoria e prática e diferenciador entre o conhecimento científico e o senso comum, que possibilite a definição da identidade própria da área e a elaboração de modelo conceitual que fundamenta a preparação e atuação profissional.

Outro aspecto evidenciado no estudo, é a importância da criação de um corpo de conhecimentos específicos da área, capaz de proporcionar ao profissional a visualização e o domínio de um referencial básico, a segurança na sua atuação profissional e também a constatação, explicação e previsão de fenômenos associados ao estudo do movimento humano. Esse referencial torna-se necessário também para superação de uma imagem simplista de executor que o professor de Educação Física tem transmitido para a sociedade.

Na realidade brasileira, constata-se que a preocupação com o registro dos conhecimentos veiculados na Educação Física ainda é pequena e não tem acompanhado o processo gradual de construção do seu corpo próprio de conhecimentos. Nos eventos científicos da área são proporcionados debates e discussões sobre a prática do profissional que indicam a existência de um corpo teórico, porém não registrado em livros e revistas. A superação dessa contradição talvez esteja relacionada à necessidade de o profissional assumir o papel de produtor de conhecimentos, expondo suas experiências e concepções aos demais profissionais. Esse fato não poderá ignorar que provavelmente existirão críticas ao seu conteúdo, mas também possibilitará a sua utilização nos trabalhos científicos e atividades desenvolvidas na área.

As tendências da produção científica em Educação Física têm revelado a existência da diversidade de dimensões ou áreas que tem sido enfocadas, permitindo a visualização de concepções diferenciadas e a pluralidade de abordagens do movimento humano. A complexidade dessa situação parece indicar que, a partir da evolução científica da área possa ser atingida maturidade integrativa interdisciplinar, capaz de gerar a síntese de uma teoria geral de Educação Física.

Bibliografia

BENTO, Jorge O. Profissionalidade, ciência da profissão e competência profissional na formação do pedagogo do desporto e Educação Física. *Espaço: Revista de Ciência do Desporto dos Países de Língua Portuguesa*, Porto, 1(1):5-16,1993.

BETTI, Mauro. Como impedir o desenvolvimento da Educação Física enquanto ciência ou ciencideologia da Educação Física.*Revista Brasileira de Ciências do Esporte*, São Paulo, 8(2e3):155-158,1987.

BRACHT, Valter. Educação Física: a busca da autonomia pedagógica *Revista da Educação Física/UEM*, Maringá, 1(0):28-33, 1989.

FARIA JUNIOR, Alfredo G. A pesquisa sobre a Educação Física no Brasil. IN: BENTO, Jorge O. e MARQUES, Antônio.*As ciências do desporto e a prática desportiva*. Porto, 1991, p.59-68.

___________.Pesquisa em Educação Física; enfoques e paradigmas. IN: *Pesquisa e produção do conhecimento em Educação Física* Rio de Janeiro: Ao Livro Técnico, 1992. p.13-33.

FARINATTI, Paulo de Tarso Veras. Pesquisa em Educação Física no Brasil; por um compromisso com a evolução. IN: *Pesquisa e produção do conhecimento em Educação Física*. Rio de Janeiro, Ao Livro Técnico, 1992,p.34-68.

GAYA, Adroaldo. Educação Física: educação e saúde?*Revista da Educação Física/UEM*, Maringá, 1(0):36-38,1989.

GAYA, Adroaldo; MARQUES, Antônio T. e BENTO, Jorge O. Os congressos de Educação Física dos países de Língua Portuguesa; um perfil da comunidade científica e de sua produção multidisciplinar. IN: Congresso de Educação Física dos Países de Língua Portuguesa, 3, Recife, Setembro, 1992. *Anais*. Recife, 1992a, p.40.

__________. A abordagem metodológica da produção científica do 1° e 2° congresso de Educação Física dos países de língua portuguesa; um estudo exploratório. IN: Congresso de Educação Física dos Países de Língua Portuguesa, 3, Recife, Setembro, 1992.*Anais*. Recife, 1992b, p.40.

GAYA, Adroaldo e SILVA, F.M. A produção científica na área do treinamento desportivo do 1° e 2° congressos de Educação Física dos países de língua portuguesa. IN: Congresso de Educação Física dos Países de Língua Portuguesa, 3, Recife, Setembro, 1992.*Anais*. Recife, 1992.p.40.

LABORINHA, Léa. A produção científica em Educação Física; positivismo e humanismo, a firmação e busca da superação de uma influência. IN: *Pesquisa e produção do conhecimento em Educação Física* Rio de janeiro, Ao Livro Técnico, 1992.p.69-91.

SOARES, Carmem L. A produção do conhecimento na Educação Física em debate. IN: Simpósio de Pesquisa em Educação Física, 4, Florianópolis, Dezembro, 1991.*Anais*. Florianópolis, 1991.p.44-60.

SOBRAL, Francisco. Problemas da investigação científica em ciências do desporto; teses e propostas de orientação.*Revista da Educação Física/UEM*, Maringá, 3(1):57-61,1992.

TANI, Go. Perspectivas para a Educação Física Escolar *Revista Paulista de Educação Física*, São Paulo, 5(1/2):61-69,1991.

__________. Contribuições da aprendizagem motora à Educação Física: uma análise crítica. *Revista Paulista de Educação Física*, São Paulo, 6(2):65-72,1992a.

__________. Estudo do comportamento motor, educação física escolar e a preparação profissional em Educação Física. *Revista Paulista de Educação Física*, São Paulo, 6(1):62-66,1992b.

__________. O desporto na escola. IN: Congresso de Educação Física dos Países de Língua Portuguesa, 3, Recife, Setembro, 1992.*Anais*. Recife, 1992c.

TUBINO, Manoel G. As tendências internacionais da pesquisa em Educação Física. *Revista Kinesis*, Santa Maria, número especial, 157-176,1984.

JUAREZ VIEIRA DO NASCIMENTO

Licenciado em Educação Física na Faculdade Salesiana de Educação Física de Santa Rosa-RS.

Especialista em Ginástica Escolar e Voleibol.

Mestre em Educação Física - Área de Concentração Ciência do Movimento Humano na Universidade Federal de Santa Maria-RS.

Doutorando em Educação Física pela Universidade do Porto, Portugal

Autor de vários artigos, publicados em revistas especializadas

RUY JORNADA KREBS

Licenciado em Educação Física na Universidade Federal do Rio Grande do Sul.

Mestre em Educação Física e Administração pela Universidade de New Mexico - USA.

Doutor em Educação Física pela Universidade de New Mexico - USA.

Autor de vários artigos publicados em revistas especializadas.

QUANDO TAMANHO É DOCUMENTO: POR QUE JOHNNY ESCREVE MAIS DO QUE JOÃO[1]

Dilvo I. Ristoff[2]

Universitários brasileiros e americanos foram informados por seus professores de que, no prazo de duas semanas, deveriam escrever, em sala de aula, durante uma hora e quarenta minutos, uma redação sobre o tema "valores universitários".

Durante duas semanas os dois grupos de alunos ficaram expostos ao mesmo conjunto de textos, entre os quais "*Voltando Para Casa: O Novo Menino Bolsista*", de Richard Rodriguez, "*Pressões da Vida Universitária*", William Zinzzer, "*As Universidades Estão Formando Bárbaros Altamente Qualificados*", de Steven Müller, e "*Valores Como Padrão de Ação*", de Richard R. Morril. Aos professores coube a tarefa de utilizar esses textos para discussão em sala de aula, e aos alunos foi recomendado, não exigido, que os lessem e estudassem. O objetivo era simples: criar condições para que os alunos pudessem produzir a redação já tendo sido expostos à complexidade do tópico. Cabe mencionar que esse trabalho de pré-escrita está baseado no argumento, hoje enfaticamente sustentado pelos que trabalham com expressão escrita, de que o ato de escrever é um complexo processo de descoberta, organização, comparação,

[1] Uma versão deste artigo foi originalmente publicada na **Revista Perspectiva** do Centro de Educação da Universidade Federal de Santa Catarina. Agradeço ao Conselho Editorial da Revista pela licença concedida a fim de incluí-lo nesta coletânea

[2] Professor titular do Departamento de Língua e Literatura Estrangeiras da Universidade Federal de Santa Catarina. Foi Pró-Reitor de Graduação da UFSC de maio de 1992 a maio de 1996.

desenvolvimento, adequação e avaliação de idéias, e não fruto de inspiração momentânea de mentes superdotadas.

Em outras palavras, escrever bem tem muito a ver com estudo, dedicação, paciência e, principalmente, suor. Como lembrava o crítico Samuel Johnson, "*Um homem sempre consegue escrever se souber se entregar de corpo e alma à tarefa*" ou, ainda, como reza a conhecida frase de Bernard Shaw, "*escrever é 90% perspiração e 10% inspiração*". Era, em grande parte, a perspiração que pretendíamos resgatar com a estratégia adotada. Tínhamos e temos a convicção de que boas redações raramente são produzidas por alunos que não leram, não discutiram e, portanto, nada sabem do tema sobre o qual devem dissertar. Ao contrário, a prática insiste em demonstrar que a inspiração só logra êxito quando impulsionada por um intenso trabalho de pré-escrita.

É importante lembrar que os alunos e professores só foram informados da questão específica que deveria ser discutida no dia e hora em que as redações foram escritas. De modo que, embora alunos e professores soubessem que o tema da redação seria "valores universitários", a forma de abordagem que seria proposta permanecia em segredo. A intenção era, por um lado, evitar que os professores, involuntariamente, direcionassem a discussão para um aspecto específico do tema e, por outro, evitar que os alunos, conhecendo antecipadamente a questão, se sentissem tentados a vir à sala de aula com uma redação previamente elaborada. Para que o leitor tenha uma melhor compreensão da relação imaginada entre o tema, as leituras e a questão específica, apresentamos, em anexo, as instruções que os alunos receberam no momento de produzirem a redação.

Cabe, antes de prosseguir, ressaltar que o objetivo do estudo era descobrir o que pensavam e pensam os alunos sobre questões como autoridade, professores, vida profissional, trabalho, lazer etc. Não era nosso objetivo discutir aspectos retóricos ou lingüísticos das redações, mas identificar, através delas, os pressupostos que norteiam a discussão dos estudantes sobre a vida universitária, no Brasil e nos Estados Unidos. Apesar de muitas surpresas, obtivemos respostas mais ou menos esperadas para a maioria de nossas perguntas. Essas perguntas e respostas foram discutidas em um estudo mais extenso chamado "*Valores Universitários - Uma Comparação Entre Redações de Calouros Brasileiros e Norte-Americanos*", de 1989. Não cabe discuti-las aqui, mas é inegável que contam muito sobre as diferenças ideológicas e culturais que distinguem os alunos dos dois países - diferenças estas que, com certeza, agem sobre os textos dos alunos de forma mais do que tangencial.

O que de imediato mais nos surpreendeu, entretanto, não foi a natureza e a direção ideológica das discussões, mas, simplesmente, a gritante diferença no tamanho das redações. Após estudar esses textos detalhadamente fomos levados a concluir que, ao contrário do que normalmente se acredita, tamanho *é* documento. Pelo menos até certo ponto, como já lembrava o sociólogo Claude Fischer (1976), é inegável que quantidade se traduz em qualidade. O que os textos sugerem é que reconhecer a complexidade do assunto em discussão, sustentar um argumento com detalhes ilustrativos, desenvolver as idéias adequadamente, entre outros, implica necessariamente escrever mais do que apenas algumas linhas.

Ora, a língua portuguesa é sabidamente mais redundante que a língua inglesa: tem mais concordância nominal, concordância verbal, concordância de gênero, número etc. Isso, somado à origem latina da maioria dos termos da língua portuguesa, com número significativamente menor de monossílabos que a língua inglesa, faz esperar que o volume médio de material produzido, sob condições similares, seja maior em nossa língua. No entanto, no caso em questão, a diferença é marcante exatamente no sentido contrário. Enquanto os estudantes norte-americanos produziram, em uma hora e quarenta minutos, em média três páginas de texto por aluno, os brasileiros produziram apenas uma.

Nossa tendência, dada a nossa auto-imagem extremamente negativa enquanto povo, é atribuir essa diferença a uma menor dedicação dos alunos brasileiros ao estudo do tópico durante as duas semanas que antecederam ao dia da produção do texto. Essa não é uma explicação descartável e, se verdadeira, confirmaria o mito de que o estudante americano estuda mais. No entanto, não temos evidências para fazer uma afirmação categórica a esse respeito.

embora concordemos com a definição de "mito" do crítico Leslie Fidler, qual seja a de que "*o mito é uma mentira que diz a verdade*".

O que podemos afirmar, no entanto, é que a natureza das declarações dos textos é muito diferente nos dois grupos, e isso talvez explique melhor porque nossos estudantes, no caso em questão, produziram textos menores. Nossas observações mostram que, invariavelmente, o discurso dos universitários americanos se caracteriza por um equilíbrio entre relatos, inferências e juízos, enquanto que o discurso dos brasileiros, via de regra, negligencia o relato e torna-se acentuadamente inferencial e julgativo. Assim, por exemplo, temos a frase de um calouro brasileiro que diz: "*Os Centros Acadêmicos atuam de maneira ilusória perante os administradores da universidade*". O aluno, evidentemente, deve ter feito algumas observações para poder inferir que a ação dos Centros Acadêmicos é ilusória. O leitor, no entanto, porque a frase está solta, sem qualquer sustentação e com apenas tênues conexões com frases precedentes e subseqüentes, não fica conhecendo essa informação e, por isso mesmo, não tem como saber qual o significado de uma ação ilusória. Até podemos imaginá-lo, mas a verdade é que o autor não o produziu, e aí está uma das razões de seu texto ser curto e pouco inteligível.

O semantista S. I. Hayakawa foi muito feliz ao imaginar uma situação bastante freqüente nas cortes de justiça para ilustrar essa falta de relato para sustentar inferências e juízos. Muitas testemunhas, por não perceberem a diferença entre relatos, inferências e juízos, criam impasses às vezes difíceis de superar. Hayakawa reproduz o seguinte diálogo ilustrativo:

> **Testemunha**: Aquele sem-vergonha me passou a perna!
>
> **Defesa**: Protesto, Meritíssimo!
>
> **Juiz**: Protesto aceito (As palavras da testemunha são retiradas dos registros). Queira, por favor, dizer à corte exatamente o que aconteceu.
>
> **Testemunha**: Ele me passou a perna, aquele rato mentiroso e sem-vergonha.
>
> **Defesa**: Protesto, Meritíssimo!

Juiz: Protesto Aceito (As observações da testemunha são novamente excluídas dos registros). Queira a testemunha ater-se aos fatos.

Testemunha: Estes são fatos, meritíssimo. Ele, de fato, me passou a perna.

Por mais que se esforce, a testemunha, no caso, não consegue relatar os acontecimentos que a levaram ao juízo que, agora, paralisa o seu pensamento. O juízo construído sobre o agente das ações substituiu de tal forma os seus atos que, na mente da testemunha, estes deixaram de existir e, portanto, sequer conseguem ser comunicados. O pensamento parece aprisionado, parado e, como conseqüência, pensar no agente se confunde com confirmar o juízo sobre o mesmo. Daí que o discurso é repetitivo, sinonímico, carregado de adjetivos que, na verdade, qualificam mais o sentimento da testemunha do que o agente e as ações que executou. Da mesma forma que o discurso da testemunha, é a redação dos calouros - uma roupa que parece não servir em corpo algum.

Outro exemplo é a frase do calouro brasileiro que diz: "*Os representantes do povo dirigem o país como melhor lhes convém*". Novamente, a frase é inferencial e julgativa. Inferencial porque a declaração está baseada em algum ato do governo que fez o autor chegar a essa conclusão; julgativa porque o autor expressa a sua atitude com relação ao observado, ou seja, entende que o governo deveria agir de outro modo. Ora, as inferências e juízos são perfeitamente aceitáveis quando devidamente acompanhados de relatos que os sustentam. O exemplo aqui apresentado, no entanto, é apenas um dos muitos exemplos de inferência e juízos montados no vazio. Mesmo que aceitemos a verdade da inferência, não podemos fugir ao fato de que lhe falta a sustentação, a ilustração, o desenvolvimento da idéia, o relato. Dada essa ausência, o texto se torna obscuro, impreciso ou, utilizando a terminologia desenvolvida pelo semantista S. I. Hayakawa, o texto aparenta reafirmar os traços estilizados de um "mapa" e não a realidade de um "território" ao qual o "mapa" deveria se referir. O tamanho reduzido do texto, novamente, é só uma conseqüência.

Nos textos dos estudantes americanos, por outro lado, o relato predomina e as inferências e emissões de juízo são, em geral, criteriosamente acompanhadas de exemplificações e descrições. Assim, por exemplo, um aluno escreve que "*os pais exercem enorme pressão sobre seus filhos, pois os sete mil dólares que pagam por semestre à universidade fazem com que os pais se sintam com o direito de exigir de seus filhos não só trabalho mas também sucesso*". A quantidade de informações que recebemos nesse caso é notável: ficamos sabendo que a universidade é paga, que os filhos dependem do auxílio financeiro dos pais, que os pais fazem certos tipos de exigências e que o custo da educação durante um semestre naquela escola é de sete mil dólares. Como podemos ver, o aluno saiu do plano puramente inferencial e julgativo, enriquecendo o seu texto, primeiro, com o relato de informação verificável para, em seguida, estabelecer uma relação de causa e efeito entre a dependência econômica e as exigências dos pais. Desse modo, a idéia ganha sustentação e o texto ganha tamanho.

Está aí, sem dúvida, também, uma das explicações para a maior clareza dos textos dos universitários americanos e para o fato de os mesmos terem produzido três vezes mais texto do que seus colegas brasileiros. As inferências e juízos tendem, no caso brasileiro, a paralisar o pensamento, dando a impressão, já nas primeiras frases, de que tudo foi dito e nada mais resta a dizer. Na verdade, entretanto, o informativo, o pictórico, o comunicativo, o que poderia dar mais corpo ao texto, o relato, permanecem engavetados na mente do autor.

Hayakawa argumenta que deveríamos suprimir de nossos textos expressões como "*Jack nos pregou uma mentira*" em favor de algo como "*Jack nos disse que não tinha as chaves do carro. Entretanto, quando, minutos mais tarde, tirou o lenço do seu bolso, um molho de chaves caiu ao chão*". Do mesmo modo, um escritor cuidadoso evitará escrever "*vi três homens trabalhando*". Ele sabe que a sua frase será bem mais eficaz se conseguir precisar o tipo de atividade, das milhões possíveis, que os três homens estavam executando. Lavando automóveis? Transformando chuchu em cereja? Cortando grama? Recolhendo o lixo das ruas? Vendendo bilhetes de loteria? É fácil ver que o relato adiciona ao texto muito mais do que simplesmente tamanho. Por situar-se nos primeiros degraus da escada das abstrações, o relato cria distinções, acrescenta clareza à intenção do autor, dá vividez ao texto, desnuda as palavras ocas e afasta, de vez, o espectro de Babel.

Nas redações que analisamos e que continuamos a estudar, o hábito de julgar e de inferir sem analisar, discutir e descrever é marcantemente brasileiro. A impressão que se tem é de que os textos já nascem gastos, que já foram "escritos" pelo espírito da nação e que, agora, sob forma de clichês, estão sendo transferidos para as páginas produzidas por nossos universitários. Independentemente de preferências ideológicas e xenofobia à parte, não podemos fechar os olhos à constatação de que falta aos nossos alunos o hábito de observar mais, o hábito de relatar mais e de julgar e inferir menos. Falta-lhes, talvez, simplesmente, a oportunidade para que possam desenvolver estas habilidades. Como quase tudo na vida, também isto se aprende. Com a palavra os professores de redação.

ANEXO

Instruções gerais entregues aos alunos:

O material de leitura que você recebeu tinha por objetivo auxiliá-lo na criação de um contexto para discussão do tema proposto. Ao escrever a sua redação não há necessidade de citar ou parafrasear estas leituras. Os leitores de sua redação têm interesse, principalmente, na sua discussão aprofundada do tema.

Lembre-se de que você está escrevendo para leitores que avaliarão a sua habilidade em termos do seu aprofundamento da questão, da sua percepção da complexidade do assunto, das suas habilidades organizacionais e analíticas e do seu comando geral da linguagem.

O tema:

A experiência universitária faz mais do que simplesmente providenciar uma carreira e transmitir conhecimentos: a vida universitária também enfatiza e estimula uma variedade de valores sociais, acadêmicos e políticos. Como estudante universitário, você tem a sua maneira própria de perceber estes valores.

Com base em suas observações da vida universitária, escreva uma redação específica sobre as seguintes questões:

Quais são hoje os valores mais enfatizados na vida universitária?

Como você explica esta ênfase?

Ao elaborar a sua resposta, relacione os valores que você vier a discutir a exemplos específicos retirados de sua vida na universidade. Certifique-se de que os leitores entendem porque, na sua opinião, estes valores se tornaram dominantes.

Observação:

Para sustentar o seu argumento, você pode usar evidência oriunda de uma variedade de fontes: sua experiência pessoal, sua observação do comportamento de outros estudantes e seu conhecimento geral da vida universitária. Lembre-se, entretanto, de que a questão exige que você desenvolva um argumento.

Bibliografia

DONAHUE, Patricia and QUANDAHL, Ellen. *Reclaiming Pedagogy: The Rhetoric of the Classroom.* Carbondale: Southern Illinois University Press, 1989.

DI YANNI, Robert. *Connections: Reading, Writing and Thinking.* Upper Montclair, New Jersey: Boston/Cook Publishers. Inc., 1985.

DODDS, Jack. *The Writer in Performance.* New York: Macmillan Publishing, 1986.

FISHER, Claude. *The Urban Experience.* New York: Harcourt Brace Jovanovich, 1976.

HAYAKAWA, S. I. *Language in Thought and Action.* Harcourt. Brace Jovanovitch, 1939.

MESSNER, Gerald and MESSNER, Nancy. *Patterns of Thinking.* Belmont: Wadsworth, 1974.

ROBERT, William and TURGEON, Gregoire. *About Language.* Boston: Houghton Mifflin Co., 1986.

STEINMAN JUNIOR, Martin. *Words in Action.* New York: Harcourt Brace Jovanovitch, Inc., 1979.

DILVO I. RISTOFF

Formado em Letras pela Universidade Federal do Rio Grande do Sul.

Mestrado em Letras - Língua Inglesa e Literatura Correspondente - pela Universidade Federal de Santa Catarina.

Doutorado em Literatura Americana pela University of Southern California - Los Angeles/EUA.

Além de inúmeros artigos publicados no Brasil e exterior, é autor do livro: *Updike's America*. New York: Peter Lung, 1988.

ACOMPANHAMENTO DO PROCESSO DE ESCREVER DE MESTRANDOS E DOUTORANDOS: UM DEPOIMENTO[1]

Celso João Ferretti[2]

No caso dos trabalhos de dissertação e tese de mestrandos e doutorandos, é preciso considerar um momento anterior à redação, mas que tem muito a ver com ele: o processo de formulação do projeto de pesquisa. Embora a elaboração do projeto seja menos complicada do que a de uma dissertação e, certamente, muito menos do que a redação de uma tese, em termos de dificuldades, talvez se equipare, para mestrandos e para doutorandos, mais para os primeiros do que para os segundos, àquele que é o processo de redação mesma da dissertação e da tese.

Por quê? A razão disso é que é muito comum ocorrer que o aluno esteja com uma formulação muito genérica, muito ampla e, às vezes, muito vaga e abstrata do tema ou do objeto sobre o qual pretende trabalhar. Com isso, fica-lhe difícil, muitas vezes, explicitar o que está querendo investigar e, certamente, o que está querendo escrever no seu projeto. Por essa razão, e especialmente entre os mestrandos com quem eu tenho trabalhado a maior parte do tempo, o que se percebe é que a primeira redação de um projeto é extremamente precária. Precária no sentido de que o aluno não consegue, em muitos

[1] Este texto resulta de um depoimento dado pelo autor ao organizador da coletânea. Após transcrito foi revisado pelo autor.

[2] Professor Doutor do Programa de Pós-graduação em História e Filosofia da Educação da PUC/SP e pesquisador da Fundação Carlos Chagas

casos, explicitar efetivamente o que está querendo investigar. Nesse sentido, tenho indicado que a primeira formulação dos projetos assemelha-se muito a uma certa carta de intenções, uma certa explicitação inicial, sob a forma de redação, do que desejariam investigar. E usualmente este tipo de formulação não ultrapassa três ou, no máximo, quatro páginas de afirmações bastante genéricas.

Tive a oportunidade de acompanhar, por três ou quatro semestres, diferentes turmas de mestrandos com as quais desenvolvi seminários cujo objetivo era exatamente o de ajudá-los a formular seu projeto de pesquisa e cujo produto final era o projeto de pesquisa redigido. A primeira formulação, quase sempre, era algo superficial, a não ser que aparecessem alunos que já tivessem uma idéia mais clara do que pretendiam. Três ou quatro páginas em que as pessoas formulavam, muito genericamente, as suas intenções. Sempre acabava sendo um susto para os alunos uma primeira devolução dessa carta de intenções, com observações. Porque descobriam que naquelas formulações genéricas, muitas vezes, cabiam três, quatro, cinco ou até mais problemas que poderiam ser objeto de investigação, a partir da temática mais ampla que haviam indicado. Como percebiam, também, com certa surpresa, que seria quase impossível ou, então, extremamente difícil desenvolver o projeto da forma como desejavam fazer, a partir da formulação que tinham feito, exatamente pela sua extrema amplitude e genericidade. E percebiam, também, que mesmo se conseguissem formular, com maior clareza, o projeto que tinham em mente, ainda assim ficaria extremamente difícil conduzirem esse projeto, dada a extrema complexidade do assunto ou da temática a que se propunham e sobre qual, aparentemente, não tinham sequer noção.

Reputo essa questão da definição do problema como um momento crucial no trabalho, que tende a ser menos problemático no doutoramento / tese porque o aluno de doutorado já é experimentado, já passou por um processo de formulação de projeto, já é, muitas vezes, um pesquisador com experiência, já fez um trabalho de dissertação e, portanto, tem uma experiência maior na redação de trabalhos acadêmicos dessa natureza. Mas para o aluno de mestrado a definição do objeto e a definição do problema são elementos cruciais e, nas minhas experiências com esses alunos, me pareceram momentos fundamentais do trabalho. Por quê? Porque através disso é possível ajudar o aluno a fazer aquilo que ele deveria ter feito antes, ao tentar formular o projeto, e não foi capaz, qual seja, a idéia de explicitar com clareza, delimitar o objeto de sua investigação.

Posso pensar em duas hipóteses para explicar as dificuldades apresentadas pelos alunos. Uma delas é que, talvez, eles tivessem uma idéia, mais ou menos intuitiva, do que gostariam de fazer, investigar, seja a partir de temas sobre os quais andaram lendo, seja a partir de questões com as quais se defrontaram, ainda de uma maneira superficial, seja (e isso é muito comum para pessoas que estão trabalhando, por exemplo, na rede de ensino) a partir de uma experiência profissional e/ou pessoal.

Usualmente, o "projeto" com o qual o aluno se apresenta é a busca de uma resposta para uma questão que o incomoda na sua prática profissional. Acho que é perfeitamente válida a tentativa de respaldar uma experiência profissional através de uma investigação, de um estudo. Parece-me uma abordagem correta, adequada. Faz sentido que a motivação do aluno esteja aí. Mas como nem sempre ele tem algo mais aprofundado do que a experiência, ou tem, digamos, apenas uma hipótese genérica ou vaga para tentar explicar aquele fenômeno sobre o qual se debruça, ou, ainda, um contato mais ou menos superficial com a literatura, acaba formulando um problema ou uma abordagem que indica não a questão específica que tenta resolver, mas a solução cabal para aquela questão e para todas as outras envolvidas nas possíveis determinações daquele problema. Dessa forma, ele acaba chegando a formulações de projetos ou de objetos de pesquisa extremamente genéricos e abstratos.

Há uma hipótese contrária: o aluno tem um problema que é suscitado pela sua experiência profissional mas, por falta de elementos teóricos ou até por falta de contato com uma literatura que situe aquele problema no âmbito mais geral, acaba buscando uma resposta específica para um problema específico e usualmente de natureza técnica. E aí temos uma situação exatamente contrária a tudo aquilo que eu vinha dizendo neste depoimento. Ou seja, a pessoa se apresenta com uma questão específica e busca uma resposta específica para ela. Da mesma forma que o primeiro aluno que descrevi pode acabar não fazendo nada porque se debruça sobre algo muito vago, genérico, este corre o risco de fazer pouca coisa por não ultrapassar o nível do relato da experiência, do debruçar-se sobre a descrição de suas angústias na tentativa de respondê-las pelo viés do senso comum.

Se, no primeiro caso, há uma certa tendência a tornar acadêmico ou teórico demais um projeto, neste último tende a haver uma certa recusa do acadêmico e do teórico, como se este tipo de mergulho no problema pudesse atrapalhar a busca das soluções por se apresentar como periférico, justaposto ao problema em si.

Ambas as abordagens são, em si, inadequadas e precárias. Então, parece-me que este é um momento crucial para a redação da dissertação. A experiência que eu tive com meus alunos de mestrado mostra que leva tempo para que eles consigam resolver essa questão, mesmo porque vários não parecem buscar a pós-graduação como tentativa de fazer um trabalho de pesquisa mais aprofundado, para resolver os problemas postos. Ao contrário, muitas vezes parece haver a demanda por um mestrado *lato sensu*, quase como uma busca de informações teóricas ou de contatos com autores que pudessem, de alguma forma, esclarecê-los sobre o problema, mas que não os compromissassem com algo mais, que seria exatamente o trabalho de pesquisa.

No acompanhamento do mestrado, tive dois tipos de experiências. A primeira com o aluno que, mesmo depois de ter conseguido elaborar um projeto, ainda se defronta com empecilhos de ordem teórica, e a segunda com aluno que tem uma certa autonomia. O primeiro é exatamente o aluno que enfrentou enormes dificuldades para montar seu projeto e que ainda tem pouca clareza teórica sobre o que está pretendendo examinar. O outro é aquele que tem uma visão mais elaborada do problema. No primeiro caso, verifico que se gasta muito tempo, mesmo depois do projeto elaborado, para que o aluno consiga deslanchar. Usualmente, a redação continua difícil, o aluno redige, em muitos casos, de maneira extremamente genérica e vaga, portanto de forma muito pouco precisa os conceitos e as delimitações do eixo de desenvolvimento da redação. Em função disso, a forma de encadear o pensamento, às vezes, se dá por saltos, por voltas, sem uma certa logicidade que indique, com clareza, o que o aluno está querendo expressar.

Isso é bastante difícil num processo de orientação porque o orientador não tem muito o que dizer depois que fez a discussão sobre os enfoques teóricos, indicou bibliografia, encaminhou procedimentos metodológicos, enfim, encaminhou o trabalho. Ele fica na dependência do texto do aluno para dar continuidade ao trabalho e um dos problemas que ocorre é que, exatamente por encontrarem dificuldades, os alunos demoram-se nas redações. Neste sentido, as apresentações de textos para discussão ficam muito difíceis, demorados e isso é muito angustiante, quer para o aluno, quer para o orientador, que vêem o tempo se escoando e o trabalho não fluindo.

Acho muito útil para o aluno que esses trabalhos sejam lidos com muito cuidado e extensamente anotados. Pessoalmente, tento fazer com os alunos dois tipos de abordagens. Uma em que procuro lidar com o trabalho como um todo, com isso que chamo de eixo diretor, com a estrutura do trabalho, tentando dar-lhes informações, sugestões, indicações de como a estrutura do trabalho pode ser obtida e mantida e como ele pode produzir sua redação com base nesse eixo articulador. Uma segunda abordagem reside em outra forma de apontar, discutir problemas específicos que aparecem no texto que denotem dificuldades de compreensão de conceitos, dificuldade de estabelecimento da relação entre conceitos, erros de informação relativamente a certos tópicos, estreiteza no tratamento de determinados aspectos etc. Com muita freqüência, essa abordagem conduz à discussão de erros de redação mais simples ou mais complexos.

É extremamente comum encontrar alunos que, ao redigirem o seu texto, suprimem parcelas dele. É muito interessante verificar que, ao discutir com eles tal procedimento, vários se põem a explicar o que pretendiam com a redação. Ao fazê-lo, preenchem, com tais explicações, as lacunas que existiam no texto. É como se o conteúdo lhes fosse tão familiar que não precisassem explicitar todos os passos do seu pensamento, todas as passagens que estão fazendo na construção de seu argumento, como se o leitor, de alguma forma, também estivesse familiarizado com essas passagens. Nem sempre os alunos se dão conta disso. Isso só se torna perceptível no momento em que, ao discutir o texto comigo e ao serem chamados a atenção para as inconsistências dentro do mesmo, se dão conta de que efetivamente saltaram pedaços ou fizeram uma construção de argumento que deixa o leitor desamparado, mas não a eles autores, porque para eles, a idéia estava relativamente clara.

Mas existe também outra situação: nem sempre as lacunas se devem ao fato de que o aluno sabe, de que o aluno tem clareza do que está querendo expor e por isso não sente necessidade de dizer tudo. Muitas vezes ocorre o contrário, ou seja: o aluno não tem clareza do que quer dizer e por isso a redação fica difícil. Ela se complica porque ele tem a sensação que esgotou o assunto, que não tem o que dizer ou não tem consciência de que aquilo que está dizendo é precário. Quer dizer, é tão parco muitas vezes o domínio do conteúdo que ele supõe que o texto que está apresentando é suficientemente claro para explicar o tema sobre o qual está se debruçando.

Esses são os problemas principais que eu vejo num processo de redação.

Com relação aos alunos que têm maior autonomia, o que se percebe é que ou porque têm clareza da temática, do objeto, sobre o qual se debruçam ou do problema que estão examinando, ou porque recortaram também com muita clareza seu objeto, ou porque desenvolveram uma base teórica mais elaborada, o processo de redação flui muito mais. Nesses casos, basta uma discussão, apontar os pontos nebulosos ou que estão merecendo novos esclarecimentos ou aprofundamentos, que o aluno rapidamente se dá conta dos problemas e vai em frente, dando um tratamento adequado a eles.

O que dificulta a redação é exatamente aquilo que me parece até bastante óbvio, quer dizer, a não clareza do problema, de como tratá-lo, e a ausência de uma base teórica mais firme que permita ao aluno elaborar a sua redação.

Existem, ainda, algumas questões formais que são mais simples: como você organiza a redação em termos de título, de subtítulos, citações, referências bibliográficas, correção ortográfica, acentuação etc. Preocupo-me em assinalar tais falhas na redação do aluno até para mostrar que esses problemas prejudicam a clareza. Mas são questões com relação às quais eu tenho menos preocupação, porque são aspectos que podem ser resolvidos com a indicação de alguns manuais de redação. Uma vez dominadas as regras formais, sugiro ao aluno que, do ponto de vista da ortografia, submeta o seu texto a uma revisão ortográfica e a uma revisão de redação. Mas isso é um problema mais tranqüilo de ser resolvido.

Os problemas fundamentais que eu sinto se referem à redação mesmo, à exposição de idéias, e estão vinculados efetivamente ao domínio do conteúdo. Quando o aluno não domina o conteúdo, não domina a questão sobre a qual está escrevendo, não aprofundou-se teoricamente para discuti-la, a redação é precária, é desconexa, tende a ser genérica e presa a chavões e, portanto, pouco contributiva. E aí é que eu diria que os problemas que parecem ser de redação, de verdade, não o são de fato. São problemas que estão para além da dificuldade ou facilidade de redigir. Penso que a dificuldade de redigir aumenta ainda mais quando o domínio sobre o conteúdo é precário.

CELSO JOÃO FERRETTI

Formado em Pedagogia pela Universidade de São Paulo.

Mestrado em Psicologia da Educação pela PUC/SP e

Doutorado em Educação também pela PUC/SP

Além de inúmeros artigos, publicou os seguintes livros pela Editora Cortez: *Opção: trabalho*; *Uma nova proposta de orientação profissional;* e em co-autoria: *Escola pública de tempo integral.* E pela Editora Vozes, co-organizou *Novas tecnologias, trabalho e educação.*

ACOMPANHANDO O PROCESSO DE ESCREVER DE PÓS-GRADUANDOS: UM DEPOIMENTO[1]

Regina Célia Pagliuchi da Silveira[2]

Desde 1974, sou professora do Programa de Pós-graduação em Língua Portuguesa da PUC/SP. Durante esse período venho orientando, inicialmente, dissertações de mestrado e após, também, teses de doutorado. Há muitos anos tenho me preocupado com a produção textual dos discursos científicos dos alunos pós-graduandos, pois constatam-se, freqüentemente, dificuldades de leitura e de redação dos textos científicos. Acredito que o processo de escrever tem lateralidade com o processo de ler.

As dificuldades de leitura podem ser diagnosticadas, de forma geral, como dificuldades de processamento da informação recebida: no que se refere às inferências, não são feitas as autorizadas, ocasionando problemas para a expansão das informações enunciadas e para a construção da base do texto lido; conseqüentemente, no que se refere à redução semântica das informações expandidas há várias dificuldades, tais como a de construção de sentidos específicos, a de ordenação e hierarquização de sentidos, a de projeção de um modelo situacional adequado e a de desconhecimento do esquema textual para a construção dos sentidos mais globais. Assim sendo,

[1] Este artigo resulta de um depoimento dado pela autora ao organizador da coletânea. Após transcrito, o texto foi revisado pela autora.

[2] Profa. Dra. de Língua Portuguesa da PUC/SP

essas dificuldades criam problemas para o estudo e para a aquisição do "saber" científico que está sendo transmitido no texto-base lido.

As dificuldades de redação podem ser diagnosticadas em duas dimensões: a cognitiva e a comunicativa.

Na dimensão cognitiva, como se sabe, o "saber" científico é construído enquanto "saber novo". A formação discursiva dos discursos científicos exige a retomada ao paradigma vigente e esta ou é feita com a adesão ou a rejeição do sujeito epistêmico. Porém, mesmo quando há adesão, os discursos científicos organizam-se como formas de julgamentos do "saber" vigente, que propiciam pontos de vista, avaliações e reflexões produtoras de "saber novo" que complementam o "saber anterior" em forma de alternativas. Já, quando há rejeição e esta se prolifera, ocorre a substituição do paradigma em vigor por outro paradigma. Nesse sentido, as dificuldades de redação decorrem dos alunos não conseguirem apresentar formas de julgamentos do "saber" novo transmitido, além de não conseguirem se opor ao que lhes é transmitido. Em síntese não conseguem construir "saber" novo.

Na dimensão comunicativa, ocorre a transferência para membros da comunidade científica do "saber novo" adquirido. Para tanto, há dificuldades que, de forma geral, decorrem do desconhecimento dos diferentes discursos científicos: da pesquisa, da revisão, da aplicação e do ensaio científico. A elas são somadas o desconhecimento das diferentes situações de produção discursiva que estão formalizadas por variações do dissertativo científico: a exposição e a argumentação estrito senso. Os alunos não conseguem, portanto, expor nem mesmo argumentar. Nesse sentido, seus argumentos não têm legitimidade nem são reforços para as categorias textuais canônicas: premissa / conclusão.

Parece-me que as causas básicas dessas dificuldades estão situadas em nosso atual ensino / aprendizagem de língua materna nas escolas brasileiras de primeiro e segundo graus, além de em nossas universidades. Salvo raras exceções, o nosso educando está sendo formado para a reprodução do "saber" transferido pela escola, através do livro didático e do professor.

Assim sendo, creio que a dificuldade maior está na produção de conhecimentos novos enquanto construção de representações mentais. No Brasil, a preocupação de descrever e explicar as representações mentais humanas é pouco valorizada. Aqui se situa o contraste com os países de primeiro mundo onde a escola está voltada para a formação do "super-dotado", preocupada em desenvolver as habilidades de produção de idéias e raciocínios, propiciando assim maior facilidade para a produção do "saber novo" e a sua transferência à comunidade.

As pessoas que têm dificuldades de representar cognitivamente o mundo, têm dificuldades, também, para representarem para si "saberes transferidos" e situações interacionais convencionadas pela comunidade para determinadas produções discursivas típicas; assim sendo, têm dificuldades para construírem "saber novo" e transmiti-lo por uma comunicação interativa. Os países de Primeiro Mundo estão sempre preocupados com a dimensão cognitiva e comunicativa do sujeito epistêmico. Eles sabem que se não prepararem os educandos atuais para uma postura crítica e criativa, perderão a corrida na produção de ciência e de tecnologia.

Desenvolver a dimensão cognitiva implica a formação de indivíduos capazes de conscientemente dar adesões ou rejeições ao paradigma científico que está em vigor e, para tanto, é necessário saber, para si, representar mentalmente o que está sendo representado pelo paradigma científico vigente. É necessário saber, também, que dar a adesão não é reproduzir simplesmente, pois o aparecimento de alternativas se deve à construção de julgamentos. A rejeição só pode ser feita quando há um outro "saber" possível de substituir o anterior vigente. Desenvolver a dimensão comunicativa implica, para os alunos, o conhecimento de esquemas textuais típicos e a projeção de modelos situacionais adequados a fim de que eles sejam capazes de construir representações mentais dos "saberes" científicos transmitidos para depois, a partir da investigação e da reflexão, transformá-los em situação de redação no "saber" novo construído por eles.

O que temos assistido é um ensino de língua materna centrado na reprodução de modelos literários, desde o primeiro grau. Nesse sentido, os alunos têm sido formados para repetir, tornando-se incapazes de enfrentar situações novas e de serem criativos. Sabe-se que o discurso literário é diferente do discurso científico, na medida em que arte não é ciência.

Creio que, na universidade, principalmente faz-se necessário um ensino de língua materna que atenda a fins específicos da formação do sujeito epistêmico, tanto na dimensão cognitiva quanto comunicativa. Para nossos universitários, em geral, o discurso científico da pesquisa só é exigido e muito pouco ensinado durante as orientações de dissertações de mestrado e teses de doutorado; o resultado obtido pelo aluno é pequeno frente ao esforço feito pelo orientador e pelo orientando. Os demais discursos científicos não são ensinados ao aluno. Logo, o discurso científico da revisão é redigido como uma colcha de retalhos de resumos reprodutivos das leituras feitas durante o curso de pós-graduação, sem haver uma hierarquização das informações seja por uma tese, por um questionamento ou por um tema. A dificuldade ocorre, também, com o discurso científico da aplicação e com o ensaio científico, sendo que este último exige maior reflexão e avaliação por parte do seu produtor.

Sabemos que as publicações existentes para a redação de textos científicos não têm auxiliado muito os nossos alunos pós-graduandos, pois não tratam com especificidade das dimensões do sujeito epistêmico, apontadas anteriormente. Faz-se urgente uma mudança no nosso ensino de língua materna a fim de que este possa estar direcionado às reais necessidades existentes para nossos alunos pós-graduandos. Creio que urge despertar nossos professores e alunos para a formação lingüística de sujeitos epistêmicos, pois só assim as dificuldades atuais diminuirão. A pesquisa na área apontada está a nossa espera; sem haver realimentação entre pesquisa e ensino não haverá a mudança necessária e manter-nos-emos na reprodução de "saberes" importados, como temos assistido, no Brasil, até o momento.

Além do mais, a partir de 64, houve uma alteração na clientela de nossas escolas, devido à sociabilização do ensino em nosso país. Antes, a escola era dirigida para uma elite cuja família supria as dificuldades cognitivas dos alunos e estes, na sociedade familiar já adquiriam o padrão real oral que é próximo do padrão normativo gramatical ensinado na escola.

Depois, houve a sociabilização da escola e filhos de camponeses e operários passam a integrar a maioria da nossa clientela.

Estes, na sociedade familiar, adquirem o padrão nativo que é muito distante do padrão real e do padrão gramatical normativo da nossa escola. As dificuldades multiplicam-se. O curioso é que, após essa sociabilização, ouvimos constantemente queixas de nossos professores a respeito das dificuldades de leitura, de redação e de gramática dos seus alunos, mas o que eles não se preocupam em analisar são as dificuldades e as reais necessidades dos seus alunos para após poderem rever o conteúdo programático e a metodologia do nosso ensino. Estes são os mesmos de quando a nossa escola teve uma clientela elitista, direcionados por um ensino geral de língua materna, esquecendo-se de que os filhos das classes sociais populares precisam de outros recursos. Hoje nossos educandos tem dificuldades cognitivas e comunicativas que precisam ser tratadas com especificidade. É chegado o momento de se pensar uma escola privilegiando-se a qualidade do ensino e não apenas a quantidade da clientela atendida; caso contrário, não poderemos melhorar o nosso ensino e atender às dificuldades de produção textual-discursiva de nossos alunos.

Sabemos que nosso atual ensino de língua materna está centrado em frases e palavras; assim sendo, o texto é visto apenas como uma seqüência indefinida de palavras e frases, construídas por regras gramaticais de língua, como foi feito durante o estruturalismo lingüístico. Sabemos, também, que o homem não pensa nem fala por palavras e frases e sim por textos coerentes e coesos, produzidos em condições discursivas específicas. O pós-estruturalismo entendeu que não é possível de se deixar de lado o sujeito produtor em suas situações concretas de produção interativas; este deve ser examinado pelo menos em duas instâncias: a cognitiva (produção de conhecimentos, raciocínios e julgamentos) e a comunicativa (produção de interação comunicativa para convencer e para persuadir).

Nossos pós-graduandos precisam ser atendidos adequadamente com um ensino de língua materna que os possibilite comunicar interativamente nos diferentes discursos científicos, atendendo às suas diferentes condições de produção discursiva.

REGINA C. P. DA SILVEIRA

Mestrado em Lingüística na USP e

Doutorado em Letras na PUC/SP.

Além de inúmeros artigos, é autora dos seguintes livros: *Estudos de fonética do idioma português* e *Estudos de fonologia portuguesa*, ambos publicados pela Cortez

DIÁRIO DE BORDO DE UMA ORIENTADORA DE TESES

Mirian Jorge Warde[1]

Introdução

Iniciei minhas atividades como orientadora precocemente. Para dar uma idéia: em 1976, tornei-me Mestre em Educação, dois anos e meio após ter obtido o diploma de graduação em Pedagogia. Em 1977, comecei o doutorado e, concomitantemente, enfrentei a tarefa de lecionar uma disciplina num curso de mestrado. No ano seguinte, assumi a minha primeira orientação!

Em breve, devo levar à defesa o 50° trabalho sob minha orientação; apesar do início precoce, tenho para mim que só me tornei efetivamente uma orientadora de trabalhos em nível de pós-graduação a partir do final dos anos 80. Revendo a lista das dissertações e teses defendidas sob minha orientação, percebo um certo sentido nesse meu itinerário de orientadora; parece que eu precisei de uns dez anos para aprender, de fato, como se orienta uma pesquisa. Até 1988, foram apenas nove trabalhos conduzidos à defesa e eu não me recordo de tê-los efetivamente orientado; lembro-me de tê-los lido zelosamente, mas não de lhes ter conferido uma direção segura. Ao longo daqueles dez anos, respondi por inúmeras orientações que não chegaram a termo. De 1989 para cá, todos os meus orientandos conseguiram concluir os seus trabalhos, comigo ou apesar de mim.

[1] Professora e Coordenadora do Programa de Pós-Graduação em História e Filosofia da Educação da PUC/SP

Esse rápido retorno ao começo serve a várias finalidades; espero dele tirar proveito ao longo deste ensaio. Por enquanto, tiro uma conseqüência: eu, como inúmeros outros colegas, somos prova inconteste de que não se improvisa um professor de pós-graduação; mais do que isso, não se cria da noite para o dia um orientador. Se um erro em sala de aula é grave, qualquer erro no processo de orientação pode ser fatal.

Da atividade de orientação, tenho impressões muito díspares: por vezes, parece-me que, depois de tanto tempo, reuni uma massa de experiências a partir das quais já posso traçar as leis gerais que regem os comportamentos dos orientandos e das minhas relações com eles; por outro lado, muito freqüentemente, tenho a sensação de que cada orientando e cada relação de orientação são únicos, exclusivos. A essa sensação se agrega uma outra: não só cada orientando é único; não só cada nova orientação instaura regras novas de relacionamento acadêmico e pessoal; eu sou, diante de cada novo orientando, diferente, idiossincrática.

Pretendo explorar, nos limites deste artigo, esses diferentes sentidos da prática de orientação. Como pano de fundo, quero considerar uma outra face da experiência e que diz respeito às mudanças que vêm sendo introduzidas no que tenho a tentação de chamar de "eco-sistema" da pós-graduação.

1. A intimidade / promiscuidade nas relações de orientação

Será este um problema típico do estilo de orientação adotado no Brasil, pelo menos nas Ciências Humanas e na Educação, em particular? Não conheço levantamentos que permitam uma resposta segura a essa pergunta. O que posso dizer é que há muito verifico que das relações como os meus orientandos (e de muitos colegas com os seus respectivos) freqüentemente espera-se que o orientador seja, além de competente condutor dos caminhos à Verdade, "guia espiritual e consultor sentimental" (expressões utilizadas por Castro, 1978, p. 324-325).

Nas condições precárias em que a maioria dos pós-graduandos desenvolve suas atividades de pesquisa, é de se compreender a enorme mobilização emocional empreendida e que necessariamente afetam esferas extra-acadêmicas.

Não são poucos os que marcam entrevistas para informar que estão em processo de separação dos seus companheiros, posto que esses estão sendo incapazes de compreender o momento muito especial pelo qual, eles orientandos, estão passando.

As separações são freqüentes; tanto quanto novos envolvimentos emocionais desencadeados a partir do contato com novos colegas. Esses casos, recentemente, têm provocado mais estragos no itinerário da pesquisa do que os anteriores. Aliás, andam definindo os rumos da investigação mais do que quaisquer sugestões metodológicas rigorosamente ofertadas pelo orientador.

As mestrandas engravidam com uma intensidade tal que valeria a pena um estudo específico sobre o assunto; o argumento de que estão no pico etário da fertilidade não me satisfaz. Entre as doutorandas, os casamentos e os problemas emocionais dos filhos têm interferido significativamente nos rumos da pesquisa educacional no País.

Se o envolvimento emocional dos orientadores com os seus respectivos orientandos e a expectativa de que se convertam em seus compreensivos mentores espirituais encabeçam a lista do "catálogo do bom orientador", a contrapartida não é seguramente verdadeira, se não para determinados fins e efeitos. Explico-me: o orientando, em regra, espera que o orientador não ocupe o precioso tempo dos encontros falando de si mesmo, das suas mazelas pessoais e emocionais. Afinal, é de se querer que além de um competente acadêmico seja uma pessoa com seus problemas emocionais e domésticos resolvidos. Somente numa situação são aguardadas confissões e desabafos do orientador: quando eles dão prova de intimidade.

Esses problemas não são generalizáveis, mas, seguramente, decorrem de regras muito mal definidas ou do estilo de co-responsabilização e cumplicidade adotado predominantemente nos nossos meios acadêmicos.

Em alguns países, prevalece a regra segundo a qual ao orientador cabe orientar, dirigir, auxiliar o candidato a definir os rumos (metodológicos) da pesquisa e, em alguns casos, ofertar o próprio tema da pesquisa , mas é a este que cabe a responsabilidade de desenvolver a pesquisa, em todas as suas fases, bem como redigir os seus resultados e, por fim, defendê-la. Ao candidato cabem as glórias, as inglórias e as vanglórias da avaliação final.

Entre nós, abundam as personalizações nas atividades de orientação, desde os momentos iniciais aos finais. Tenho me deparado com situações extremas que denunciam essa marca. De um lado, orientandos que padecem do mal incurável do *ego* hipertrofiado; nesses casos, o final está prenunciado: embora o tema, as questões centrais e até mesmo os procedimentos tenham sido sugeridos pelo orientador, o candidato, a partir de um certo momento, vai sendo possuído pela certeza de que, não fora a sua genialidade, a humanidade estaria carente, ainda, da obra máxima que está resultando em sua dissertação ou tese; a partir do momento que esse tipo de orientando vai ganhando aquela certeza inalienável, o diálogo com o orientador começa a sofrer prejuízos muitas vezes incontornáveis; nesses casos, resta uma solução: levá-lo rapidamente à defesa e procurar evitar, dali para frente, cruzar o mesmo caminho de ascensão de mais um membro da facção acadêmica dos cabotinos. No outro extremo, o orientando que não acrescenta uma vírgula ao seu texto sem consultar o orientador, temendo que qualquer erro flagrado pela banca venha a desgastar a (impoluta) imagem do seu mentor. E, dentre muitos outros tipos, há ainda os que exigem do orientador a função de guardião permanente do seu projeto de pesquisa; por qualquer razão ainda não explicada, muitos orientandos sofrem de problemas de memória (seguramente, muitos orientadores também), tanto assim é que muitas sessões de orientação servem basicamente para o orientador lembrar o que ele já disse em muitas sessões anteriores ou, o que é mais peculiar, muitos encontros de orientação são marcados com o objetivo de o orientando alertar ao orientador de que, em função do nível de rigor e profundidade por ele exigido, o desenvolvimento do projeto está muito difícil e dando muito trabalho (por exemplo, na coleta de dados empíricos, no aprofundamento teórico...), do que decorre, ao termo e ao cabo, um pedido de respeito, não à lógica, à ciência e à humanidade, mas à sua lógica, ao seu saber e à sua individualidade. Nas minhas estatísticas mais recentes, esse último tipo se manifesta quase que exclusivamente entre os doutorandos.

Alerto para um aspecto que permaneceu latente até este momento do texto: não tenho dúvida sobre o fato de que a relação de orientação é seguramente das mais personalizadas dentre as que podemos manter no universo acadêmico; como tal, é sempre arriscadamente intimista; por isso, nos tensiona sempre em dupla direção: de um lado, o da generosa compreensão dos problemas de diversa natureza que envolvem os orientandos; de outro, da dura obrigação de fazê-los cumprir seus prazos, de exigir o retorno dos investimentos públicos neles aplicados mediante bolsas de estudo sob a forma de uma mais alta qualificação e a produção de uma tese ou dissertação que respeite, pelo menos, o critério de relevância.

Por mais que eu esteja sempre disposta a *no perder la ternura jamás*, não abro mão de defender o segundo termo do dilema, com a dureza que ele exige.

Mas, os problemas das fronteiras que delimitam e definem as relações entre orientador e orientando não são de mão única, ou seja, do orientando para o orientador. Os problemas que vão do orientador para o orientando, em regra, são mais graves, embora, também em regra, sejam mais sutis. Afinal, está aí em jogo o exercício do poder. É sempre muito mais fácil e eficaz para o orientador imputar ao aluno as culpas dos maus ou precários resultados obtidos ou do insucesso do processo de orientação. Também a ele cabe o poder de dizer para um aluno, com o qual ele pretende não ter trabalho, que a conversão de sua experiência pessoal em dissertação (ou mesmo tese), é muito interessante e original, nem que para isso ele tenha que cravar uma estaca na inteligência humana. Mais original, ultimamente, é converter o mestrando (ou mesmo o doutorando) em mão de obra gratuita (para o orientador, é claro, mas não para os cofres públicos).

Em tempos mais recentes, instalou-se nas Ciências Humanas a discussão em torno da co-autoria que, genericamente, está bem assentada no âmbito dos outros campos científicos. Suponho que esse assunto veio à tona em decorrência do que estamos aqui discutindo: a) o maior peso hoje conferido às atividades de pesquisas e às publicações científicas; b) o privilegiamento dos projetos integrados de pesquisa e, em contrapartida, c) a crescente dependência dos pós-graduandos (mestrandos, destacadamente) em relação aos seus orientadores.

Tenho encarado essa discussão nos seguintes termos: sou plenamente favorável ao implemento da prática de inscrever os projetos dos mestrandos e doutorandos em projetos integrados de pesquisa. Considero salutar, de vários pontos de vista, que os mestrandos e doutorandos tenham um grupo de pesquisa como interlocutor para o desenho e desenvolvimento do seu projeto de dissertação ou tese; que desse grupo, o seu orientador faça parte; melhor ainda, que seja o seu coordenador. As experiências que tenho mantido nessa direção são muito positivas; nelas, as possibilidades de produção de trabalhos originais, relevantes e viáveis foram bastante ampliadas. Considero, também, muito salutar apresentar aos orientandos (especialmente, aos doutorandos) alternativas de pesquisa sobre as quais já pensei, mas que não foram e nem serão por mim desenvolvidas a curto prazo.

Essas são situações que, a meu juízo, ofertam boas condições para o desenvolvimento de trabalhos originais, relevantes e viáveis. Elas realizam o que de mais essencial está contido na idéia de *paidéia*, que implica na formação intelectual do outro, com autonomia. Se a orientação de dissertações e teses passar a ser concebida ou como furto do tempo que deveria ser dedicado ao implemento do *curriculum vitae* do orientador ou como ganho de tempo, posto que o orientando estaria trabalhando para o orientador colher dados para a sua pesquisa, então a idéia de *paidéia*, que herdamos dos gregos, e que sobreviveu à modernidade, estará definitivamente morta e nós arcaremos com a pecha de seus coveiros legítimos.

2. A difícil tarefa de separar o joio do trigo: da definição ao desenvolvimento do projeto de pesquisa

Os problemas que estou aqui tratando têm sido abordados com uma freqüência menor do que, a meu juízo, merecem. Castro (1978) é um dos poucos autores brasileiros que dedica alguns parágrafos aos problemas psicológicos/emocionais implicados na preparação de dissertações e teses (p.324-325); no mais, reflete sobre as práticas de realização e acompanhamento de pesquisa no âmbito dos cursos de pós-graduação.

Salvo flagrantes exceções, as dificuldades emocionais que eclodem, sob as formas as mais diversas, no processo de orientação freqüentemente denunciam dificuldades no campo das habilidades redacionais e dos conhecimentos acumulados. Comecemos pelas redacionais.

Castro, no artigo referido, traça um panorama cruento dos problemas apresentados por parte considerável dos alunos, particularmente do mestrado, no que tange à capacidade de expressão na língua mãe. Diz ele:

> a experiência de fazer um mestrado talvez tenha como grande ganho pessoal um imenso aumento na capacidade para se fazer entender por escrito na língua pátria. Possivelmente, os ganhos de conhecimento na área substantiva da tese ou a contribuição para a humanidade daquele conhecimento não se comparem às melhorias na capacidade de expressão escrita (...) Se o grande ganhador nesse processo é o aluno, não há dúvida que o grande perdedor é o orientador de tese. Não raro, cerca de 50% do tempo de orientação são consumidos em questões de estilo, clareza ou forma (...) Às vezes não sobra tempo nem paciência para as questões de conteúdo (p.323)

É isso; com uma freqüência, superior ao razoável, flagro-me em crises de profundo desalento, quando não de sonolência, diante da quinta versão de um trabalho no qual eu já havia alertado a profusão de adjetivos em detrimento de substantivos ou a necessidade de inclusão dos sujeitos nas frases ricas em predicados solitários.

Por razões que cabem aos lingüistas, gramáticos e psicanalistas decifrar, os cursos de pós-graduação atraem e estimulam o gosto pelos circunlóquios, pelas formas hiperbólicas, metafóricas e sinuosas. Àqueles especialistas caberão, também, consistentes esclarecimentos sobre as causas da difusão do gerúndio e do privilégio dos "processos" em detrimento dos "produtos", bem como do uso reiterativo de expressões tais como: "a nível de", "em termos de", "enquanto" e que tais.

Trata-se de um problema de difícil solução, posto que o ritmo e a qualidade da escrita dos nossos orientandos são regidos por relógios psicológicos, biológicos e financeiros não ajustados aos cronogramas do orientador, do programa e das bolsas; assim é que, todos os orientandos esperam - com a fé típica dos crédulos - que o orientador esteja à sua inteira disposição a qualquer hora do dia e da noite. Ou seja, que ele não prepare aulas, não faça pesquisa, não estude, não publique, não freqüente congressos e correlatos e, o que é indispensável, não tenha vida privada.

As dificuldades redacionais dos orientandos decorrem, na grande maioria dos casos, da inexperiência com as lides gramaticais e estilísticas; afinal, a escola básica e mesmo os cursos de graduação exercitam pouco a expressão escrita. O mesmo se diga das dificuldades demonstradas por uma parte considerável dos pós-graduandos, em especial os mestrandos, de elaborar um plano básico de pesquisa. Os cursos de graduação em Educação dispensam, grosso modo, a iniciação à pesquisa, ou, o que é tão lamentável quanto, não preparam os alunos para lerem de maneira crítica e científica as obras que lhes caem às mãos.

Se a dissertação de mestrado e, *a fortiori*, a tese de doutorado devem ser resultados de pesquisa, e se os candidatos aos títulos correspondentes, particularmente ao de Mestrado, chegam à pós-graduação sem experiência prévia de pesquisa, então, inapelavelmente, cabe a esse nível oferecer um novo patamar de formação que, enfim, inicie e desenvolva as habilidades fundamentais exigidas ao pesquisador.

Guiada por essa perspectiva, tenho trabalhado na seguinte direção: do candidato ao mestrado, resguardadas as diferenças individuais, não há que se exigir um projeto de pesquisa, mas, ao contrário, cabe aos professores e ao orientador, em especial, a responsabilidade - diria até, a obrigação - de sugerir um plano de pesquisa cujo tema se inscreva no âmbito dos interesses intelectuais e/ou profissionais do mestrando; mais do que isso, que esse tema se inscreva no campo temático com o qual ele, orientador, tenha familiaridade.

O crescimento quantitativo e a diversificação qualitativa da produção científica, bem como o maior grau de profissionalização dos grupos e das práticas de pesquisa na área da Educação, acrescidos ao encurtamento dos prazos para a confecção de uma dissertação de mestrado, devem constranger positivamente os orientadores e orientandos, de sorte a não se concederem tempo para ensaios e erros. Dois anos ou dois anos e meio é tempo muito curto para amadurecer um pesquisador e produzir uma obra definitiva; mas é também tempo a não ser desperdiçado para a formação de habilidades básicas de pesquisa e para a produção de um texto que possa fazer avançar, ainda que milimetricamente, a margem de conhecimento científico (ou filosófico) disponível num certo campo temático.

No caso dos doutorandos, há de se exigir, necessariamente, maior autonomia e capacidade já instalada de elaborar um projeto original, relevante e com maior grau de ossatura teórico-empírica.

Levantamentos recentes relativos à produção discente nos cursos de pós-graduação em Educação (Warde, 1993; Warde, Toledo & Kusano, 1996) mostram que, os fatores acima indicados, têm provocado tendências de diversa natureza, tais como: percebe-se que entre 1982 e 1995, surgiram maiores e mais complicados problemas teóricos e metodológicos; em contrapartida, a produção discente vem revelando, em anos mais recentes, maior sensibilidade pelas práticas pedagógicas, maior empenho na produção de suportes empíricos às suas análises da escola, delimitações temporais e espaciais mais refinadas, no caso dos estudos históricos.

Esses poucos exemplos nos permitem aferir como vem se alterando o perfil dos trabalhos produzidos nos cursos de pós-graduação dos anos 70 para cá. Em 1978, Castro destacava como exemplos das mazelas do cotidiano de um orientador, dentre outras: a) a ambição excessiva dos orientandos que pretendem produzir "tratados definitivos"; b) a escolha da história da humanidade como tema da dissertação/tese; c) o mal uso do tempo disponível do que resulta excesso de dados e escassez de análises; d) as pretensões reformistas e legisferantes; e) a intenção de aproveitar o ensejo e produzir um livro didático; f) a conversão do item "revisão bibliográfica" no próprio tema da dissertação ou tese. Dentre essas mazelas vale a pena dar relevo à que Castro denomina "do discurso de vereador ao discurso científico" na qual se patenteia a dificuldade de o orientando usar a forma direta e se perder em circunlóquios.

Esses problemas, bem sintetizados pelo autor, sem dúvida, compareciam na produção discente dos anos 70 e 80 como marcas dominantes. Hoje, alguns desses traços estão em refluxo, até porque, torno a repetir, as condições objetivas nas quais estão envolvidos os pós-graduandos (encurtamento dos prazos e das bolsas, destacadamente), bem como o amadurecimento do ambiente institucional dos cursos mais consolidados e o refinamento intelectual e profissional de um contingente significativo de orientadores estão influindo como fatores de mudança. Castro não mencionou, mas eu destaco como um dos traços predominantes na produção discente daquelas duas décadas e que, certamente, hoje, mal comparece, é o que se pode chamar "do discurso científico ao discurso do líder revolucionário", que era uma variante à esquerda das pretensões reformistas e legisferantes. Essa espécie vêm perdendo espaço, o que me parece bastante positivo; em contrapartida, os modismos não cessaram na área da Educação e a moda de querer ver o marxismo como cão morto e o socialismo real como cadáver em putrefação está por aí grassando e produzindo estragos numa geração que nasceu após-64 ou estava engatinhando quando os militares deram o primeiro golpe, no 1° de abril.

Os quase vinte anos que nos separam do texto de Castro produziram algumas alterações nas preferências e nas tendências dos trabalhos produzidos nos cursos de pós-graduação, e embora quantitativamente pequenas, tais alterações são qualitativamente significativas e tal dimensão não pode ser, sob hipótese alguma, menosprezada. Exemplo, Castro dedica um um tópico do seu artigo ao assunto "o evento traumático da escolha do tema" (p. 314-317). De pronto, ao lê-lo, fiquei convencida que poderia transcrevê-lo na íntegra, posto que hoje o evento continua tão traumático quanto nos anos 70. Não é bem assim; nesses quase vinte anos mudanças internas e externas à área tornaram a escolha do tema mais difícil e o papel do orientador, nesta fase, mais complexa.

No ano que Castro publicou o seu artigo, eram 24 os cursos/programas em funcionamento (24 mestrados e 01 doutorado); até o fim daquele ano, haviam sido defendidas em torno de 960 dissertações (e uma tese de doutorado). Hoje são mais de 50 cursos (entre doutorado e mestrado) e mais de 7.000 dissertações e teses.

A esses índices é preciso acrescentar: mudanças no mercado editorial, alterações na cena das associações científicas e dos centros de pesquisa, dinamização das relações entre pesquisadores nacionais e internacionais, só para citar alguns elementos que devem ser incluídos num inventário das diferenças que nos distanciam daqueles anos iniciais da pós-graduação.

Hoje, é proibitivo permitir que um orientando incursione num tema sem dele exigir previamente um exaustivo levantamento das dissertações e teses defendidas na área. Conforme o assunto, é preciso acrescentar levantamentos nos trabalhos defendidos em áreas tangenciais, como a Sociologia, a Psicologia, a História e outras; em outros casos, como por exemplo, de políticas educacionais, é preciso verificar nos centros universitários e não universitários de pesquisa os relatórios que registram resultados de investigações que não serão necessariamente publicados, pois são, muitas vezes, destinados aos clientes que as encomendaram.

Assim, não dá mais para dizer, como o fez Castro em 78, que a Educação é uma "área onde muito pouca exploração sistemática tem sido feita, portanto, uma área onde é fácil contribuir com trabalhos significativos" (p.314). Exatamente por isso, realizar hoje uma escolha que seja "original, importante e viável" (p.314 e segs), é bem mais complexo do que o foi há anos atrás.

Por essas razões e pelo fato de que na pós-graduação estão chegando os alunos do ensino superior dos anos 80 e 90, o papel do orientador na escolha do tema e na formatação inicial do projeto se avulta em importância. Se a ele faltar familiaridade com o tema escolhido e/ou desenvoltura nas lides da pesquisa, as chances de empurrar a dissertação ou a tese para o fracasso serão muito grandes. Daí, dificilmente se poderá escapar à lembrança daquele professor cínico mencionado por Castro que, após ouvir a "eloqüente e pretensiosa conferência de um colega jovem", afirmou:

> Tivemos hoje a satisfação de ouvir muitas coisas importantes e muitas coisas novas. Só lamento que as coisas novas não sejam importantes e que as coisas importantes não sejam novas. (*apud* Castro, 1978, p.314)

3. Alguns problemas do eco-sistema da pós-graduação

Já que mencionei a geração pós-64, logo atrás, aproveito para abordar a questão. As estatísticas produzidas pelos órgãos federais como Capes e CNPq indicam que as faixas etárias dos titulados na subárea da Educação - mestrandos e doutorandos - é das mais altas no âmbito das Ciências Humanas, que, por sua vez, já apresentam índices superiores, em relação às demais áreas. No caso da Educação, a média dos titulados no mestrado está concentrada na segunda metade da casa dos 30 anos e do doutorado, na segunda metade da casa dos 40.

Do ponto de vista daquelas agências, essas faixas etárias são excessivamente elevadas a se considerar o tempo de aproveitamento dos titulados no mercado de trabalho. Esse critério não deve ser desconsiderado; efetivamente, é mal investimento conferir bolsa e remunerar o afastamento de profissionais que estão às vésperas da aposentadoria; mas, esse problema afeta particularmente as universidades públicas, pois é nelas que podem ocorrer, e estão correndo, as aposentadorias precoces (as que se dão na casa dos 40 anos e início dos 50). Nos demais campos de trabalho - ligados ao setor privado e mesmo nos órgãos públicos estaduais e municipais - as aposentadorias não são massivamente precoces - e há sinais de reaproveitamento dos quadros no mercado de trabalho.

De qualquer modo, já foram criados mecanismos suficientes que impedem, ou pelo menos limitam, o investimento público em profissionais em fim de carreira. Porém, esses mecanismos acrescidos a outros que controlam as destinações de bolsa mediante prova de ausência de vínculo empregatício ou prova de licença sem remuneração têm preparado o terreno para o surgimento de tendências não necessariamente positivas. Ou seja, se é certo que uma área não deve investir massivamente em quadros mais velhos e deve dispor parte considerável das suas energias humanas, institucionais e financeiras na preparação de novos quadros e no aperfeiçoamento dos que estão em início e meio de carreira, em contrapartida, os cursos de pós-graduação em Educação estão cada vez mais sendo obrigados a privilegiar, na seleção e no processo de concessão de bolsas, alunos muito jovens (especialmente no mestrado), recém-egressos dos cursos de graduação ou com pouquíssima experiência profissional, pois que nestes casos, e, principalmente, nestes casos, concentram-se os que não têm vínculo empregatício ou os que têm, podem deles se ver livres sem grandes problemas.

Por que para essas áreas essas tendências não são necessariamente positivas? Pelo menos por duas razões: a) parte considerável dos cursos de pós-graduação tem a escola e as práticas escolares como seus objetos privilegiados; aliás, parte desses cursos, criados de final dos anos 80 para cá, centram-se em temáticas da educação escolar e, particularmente, no "ensino de..." e muitos cursos antigos efetuaram reformulações recentes que caminham na mesma direção. Para esse conjunto de cursos, a experiência profissional prévia e, em alguns casos, a manutenção dos vínculos com a escola, constituem parte integrante das condições de desenvolvimento dos seus estudos e pesquisas e b) mesmo admitindo, como o fiz logo acima, que a área não deve investir predominantemente nas faixas etárias mais altas, é indiscutível que a convivência entre os mais novos e os mais velhos, oriundos de épocas institucionais, políticas e culturais muito diferençadas, tem sido benéfica, posto que tem colocado em contato pessoas que com maior e melhor formação (em média, são pessoas que passaram pela vida universitária antes do sua crescente degenerescência; têm uma experiência profissional acumulada que lhes permite dispor dados diretos e imediatos sobre as práticas e instituições educacionais e, o que não é pouca coisa, são profissionais que por formação ou por prática sabem ler e escrever na própria língua e ainda em alguma outra estrangeira) e pessoas que, nascidas depois de 64 viveram, na sua grande maioria, o anverso do que para as mais velhas foi disposto.

Acrescentemos a essa questão uma outra, com certeza, grave. Há sinais visíveis de que, para agências de fomento, o mestrado, como nível de formação pré-doutorado está com seus dias contados. Os dois anos ou dois anos e meio que hoje dispomos para formar um mestre, é quase certo, serão reduzidos a nada, posto que há forte pressão das agências federais para o ingresso direto no doutorado, e já anunciam o corte e futura eliminação de bolsas para o primeiro nível.

O que isso representa? De um lado, um golpe de amplas proporções, no que tange a área de Educação (não tenho dúvidas, que para muitas outras áreas, também), já que é neste momento que estamos conseguindo, minimamente, dar o preparo prévio para a pesquisa, pois as iniciativas de introdução à pesquisa científica em nível de graduação (programas tais como o PIBIC) ainda não produziram frutos significativos; de outro, a dispensa do mestrado como momento prévio para o doutorado implicará na desqualificação do que hoje representa o nosso grau mais alto de preparo acadêmico e deslocará para ele uma demanda que não tem necessariamente destinação acadêmica. Ora, quatro anos (duração atual de uma bolsa de doutorado) já é tempo curto para a formação de um doutor nas Ciências Humanas, mas alguns programas têm, muito recentemente, procurado se organizar de modo a somar os anos de mestrado (2 anos ou 2 anos e meio) aos 4 de doutorado, assim, distribuindo nos 6 anos e meio o processo de formação de um pesquisador e um docente de alto nível.

E vejam como o momento é inportuno para se pensar na eliminação do mestrado, neste momento em que parte considerável dos quadros docentes das universidades públicas está refeita por efeito das aposentadorias. Ora, o bom senso receita que os doutores de titulação mais recente sejam incorporados aos programas de pós-graduação primeiro como orientadores de mestrandos e não de doutorandos. Se a curto prazo o mestrado for eliminado, provavelmente, teremos que nos referir ao Brasil, neste final do século XX e início do XXI, da mesma maneira que ele o foi na passagem do XIX para este: um país cheio de doutores analfabetos.

Neste momento, com o encurtamento dos prazos do mestrado, já estamos enfrentado dificuldades de distribuição dos pós-graduandos entre os orientadores, posto que, se é certo que a montagem de um projeto de doutorado e seu desenvolvimento sejam mais complexos do que os relativos ao mestrado, em contrapartida, os doutorandos estão, em regra, mais preparados para pensar seus projetos e desenvolvê-los com autonomia do que os mestrandos; além do que, têm pelo menos quatro anos para acertar a rota; para os mestrandos, qualquer passo em falso pode ser fatal.

Para os dirigentes federais, que se fartam de comparações do Brasil com o Primeiro Mundo, seria bom lembrar que nos países civilizados (como França e Alemanha) um doutor, por exemplo, em Arqueologia ou em História Medieval precisa de mais ou menos dez anos para completar uma tese que respeite, pelo menos, o critério de originalidade. Mas, talvez meus exemplos sejam infelizes para um país como o nosso onde seus dirigentes ignoram a história e pensam que o futuro é o dia seguinte.

Assim, se as agências federais de apoio à pós-graduação e os demais órgãos dos quais emanam as políticas nacionais estivessem efetivamente interessados em preservar uma das poucas e melhores conquistas educacionais das últimas décadas, e tivessem lucidez para considerar que qualquer sistema ou subsistema de ensino precisa de pelo menos de 30 anos para revelar seus efeitos mais permanentes, então elas conteriam as ações mais recentes que estão pondo em risco a sobrevivência dessa evidente conquista nacional que foi a criação do sistema de pós-graduação. Talvez não estejam pensando em acabar com a pós-graduação; é quase certo que não estejam, mas seguramente, estão abalando o seu equilíbrio ecológico[2].

4. Mas, nem tudo está perdido...

Embora tenha a impressão de que aumentam as nossas dificuldades para realizar um bom trabalho de orientação, seja pelas razões apontadas nos dois primeiros itens seja por aquelas referidas no terceiro, resta para mim que a atividade de orientação é das mais felizes e das que mais oportunizam a plena realização do ato pedagógico. Tenho dito, com alguma freqüência, que muitas orientações que tenho levado a bom termo me fazem esquecer que eu não pretendia trilhar a via acadêmica.

Nestes dois últimos meses, levei à defesa cinco doutorandos e estou preparando a defesa do sexto de uma mesma turma que

[2] Não se pode esquecer que a nova LDB, ao incorporar a emenda do senador Antonio Carlos Magalhães, faculta às universidades - leia-se, as IES privadas - a dispensa de qualificação do seus quadros em nível de pós-graduação.

ingressou em 1993. Com essa última, completarei o 50º trabalho sob minha orientação. Eu tenho em relação a esses trabalhos e a essas pessoas um tal respeito, que sobre elas eu diria o mesmo que elas me disseram nos seus agradecimentos, registrados nos exemplares das teses; sobre os seus trabalhos eu digo: - que bom que foram produzidos, porque eles eram necessários; que sejam publicados, para que possam ser lidos por muitos.

O que aconteceu de peculiar nessas orientações e em tantas outras que as antecederam? Que simbiose especial foi produzida, da qual pode resultar um trabalho intelectual instigante, envolvente, além de relevante e original?

Faltam-me, no momento, instrumentos suficientes para operar uma análise precisa desse acontecimento ímpar que resulta da plena consonância de dois sujeitos em torno de uma mesma produção de natureza intelectual. Mas, posso fazer uma aproximação.

Preliminarmente, a empatia de sujeitos que têm pela criação intelectual o mesmo gosto e admiração. Da parte dos orientandos, para além das suas diferenças individuais, registro um mesmo traço: o empenho de esgrimir a realidade, de forma a dela trazer um fragmento para dentro da tese; que esse não é trabalho que se possa cumprir sem muita luta e sem correr muitos riscos.

Da minha parte, de um tempo para cá, quando penso em mim orientando, me vem à memória aquele trecho da conversa do Holden Caulfield com a sua irmã Phoebe (em *O Apanhador no campo de centeio*, de J. D. Salinger).

A Phoebe estava absolutamente brava com Holden que havia fugido da escola e não conseguia responder à pergunta sobre o que ele gostaria de ser. Daí ele diz:

> ...
>
> - Eu não podia ser cientista. Não sou bom em ciência.
>
> (...)
>
> - Não tenho nada contra advogados, mas o negócio não me atrai. Até que é bacana quando um advogado está sempre salvando a vida dos sujeitos inocentes e coisas assim, mas um cara que é advogado não faz *nada* disso. Só faz ganhar um dinheirão, e jogar gôlfe ...

(...)

- Seja lá como for, fico imaginando uma porção de garotinhos brincando de alguma coisa num baita campo de centeio e tudo. Milhares de garotinhos, e ninguém por perto - quer dizer, ninguém grande - a não ser eu. E eu fico na beirada de um precipício maluco. Sabe o quê eu tenho de fazer? Tenho que agarrar todo mundo que vai cair no abismo. Quer dizer, se um deles começar a correr sem olhar onde está indo, eu tenho que aparecer de algum canto e*agarrar* o garoto. Só isso que eu ia fazer o dia todo. Ia ser só o sentinela do abismo e tudo. Sei que é maluquice, mas é a única coisa que eu queria fazer. Sei que é maluquice (Salinger, 1965, p.151).

Referências Bibliográficas

CASTRO, C. M. Memórias de um orientador de tese. OLIVEIRA NUNES, E. de (org.) *A aventura sociológica*: objetividade, paixão, improviso e método de pesquisa social. Rio de Janeiro:Zahar Ed., 1978, p. 307-326.

SALINGER, J.D. *O Apanhador no campo de centeio*, Rio de Janeiro:Editora do Autor, 1965

WARDE, M. J. A produção discente dos programas de pós-graduação em Educação no Brasil (1982-1991): avaliação e perspectivas. In: Avaliação e perspectivas na área de Educação (1982-1991), Porto Alegre: ANPEd/ CNPq, 1993, p.51-81.

____________; TOLEDO, M. R. A. & KUSANO, T.*A produção discente dos programas de pós-graduação em Educação no Brasil (1991-1995)*, São Paulo, 1996 (banco de dados informatizado).

MIRIAN JORGE WARDER

Graduada em Pedagogia pela PUC-SP.

Mestrado e o Doutorado em História e Filosofia da Educação na mesma instituição

Publicou, além de inúmeros artigos, os seguintes livros:

- *Educação e estrutura social*. 5 ed., São Paulo: Cortez & Moraes, 1985

- *Educação e transição democrática*. 6 ed., São Paulo: Cortez: 1990

LIÇÕES DO ATO DE ORIENTAR E EXAMINAR DISSERTAÇÕES OU TESES

Gaudêncio Frigotto[1]

1 - Introdução: O memorial como inventário crítico[2]

A prática, cada vez mais freqüente, nos concursos de ingresso à pós-graduação e nos concursos de ingresso em diferentes níveis da carreira docente das universidades públicas, de se exigir dos candidatos um *memorial* funda-se, na minha interpretação, na busca de levar o candidato a fazer um inventário crítico do seu processo de desenvolvimento intelectual e de sua produção e vida profissional.

Essa exigência, por certo, materializa-se dentro de um contexto histórico-social e institucional que nos torna, como nos mostra Foucault, uma *geração de confessantes*. Não mais no *cubiculum* secreto do confessionário e nem também no recinto privado do divã psicanalítico. A *confissão* se expande em âmbitos da esfera pública.

É inegável que esse movimento catártico engendra um significado cultural, político e existencial importante. Todavia, trata-se de um processo repleto de riscos e armadilhas. O mais sério, talvez, não

[1] Professor titular (Economia Política da Educação), na Universidade Federal Fluminense-RJ.

[2] Este texto se constitui, na realidade, num desdobramento de um dos itens assinalados no memorial que escrevi como um dos quesitos para o concurso de professor titular na Faculdade de Educação da Universidade Federal Fluminense em março de 1994. Não tenho a preocupação de uma análise mais completa. Prefiro fazê-lo em tom de depoimento, como me foi solicitado pelo organizador desta coletânea.

seja de cair-se numa espécie de confissão sentimental vulgar, mas o de perder-se na descrição mecânica sem conseguir efetivamente alcançar a apreensão das determinações concretas que nos tornam, na expressão gramsciana, *conformistas de um determinado conformismo, homens-massa ou homens-coletivos.* A questão crucial é, justamente, a de respondermos à questão gramsciana: *qual é o tipo histórico do conformismo e do homem-massa do qual fazemos parte?*

A função precípua do inventário, como ferramenta de crítica e de fermento intelectual, é de apreender as múltiplas relações dentro do processo histórico no qual somos produzidos enquanto sujeitos sociais. Esse esforço de apreender os traços fundamentais do que somos e do que pensamos e porque nos inserimos em determinadas práticas concretas pode nos revelar que isto não resulta de um processo arbitrário, mas de condições objetivas e subjetivas reais. Nesse sentido, o inventário crítico só pode dar-se no terreno da práxis.

Ao produzir o *memorial* posto como pré-requisito ao concurso de professor titular na Universidade Federal Fluminense (1994), um dos aspectos que me chamou atenção é de que nos últimos dez anos havia participado intensamente no trabalho de orientação e de exame de dissertações e de teses na área de educação. Com efeito, nos últimos dez anos concluíram dissertação sob minha orientação 45 alunos e participei em 17 bancas examinadoras de doutorado e 65 de mestrado, num total de 127 trabalhos lidos e discutidos.

Por ocasião da elaboração do *memorial* não cabia uma análise específica da natureza e significado desse tipo de atividade acadêmica. Essa oportunidade apresenta-se agora pelo convite a expor, nesta coletânea, minha experiência como orientador e como participante de bancas examinadoras.

Lembro ter lido uma espécie de crônica de um orientador através da qual o mesmo expunha sua experiência enfatizando os fatos pitorescos e inusitados dos orientandos. Esse seria, talvez, o caminho mais fácil e através do qual poderia desencumbir-me sem grandes riscos desta tarefa.

Outro caminho, bastante em voga, cuja fonte inspiradora é a onda pós-modernista, seria tentar trabalhar cada dissertação ou tese em sua particularidade, na sua diferença e singularidade, negando um campo ou uma materialidade histórica mais ampla. Creio que isso tampouco ajudaria aos propósitos dos organizadores deste trabalho. Por isto vou optar por um caminho mais complexo, o que tem como pressuposto que a singularidade, a particularidade e a diferença existem, todavia, não arbitrariamente fora de relações com uma totalidade histórica, destacando os seguintes aspectos:

a) as dissertações e teses expressam a materialidade objetiva e subjetiva de determinados períodos dentro dos quais se articulam o campo social mais amplo, o espaço institucional e o campo especificamente educativo. Ou seja, as dissertações que orientamos e que analisamos são elaboradas dentro de uma realidade dada, com determinadas características, na qual orientando e orientador, produtor e crítico produzem seu ser social. As dissertações e teses são, portanto, expressões de um determinado contexto. Nesse sentido vou percorrer rapidamente três momentos da história da pós-graduação em educação no Brasil;

b) num segundo aspecto vou realçar algumas dificuldades de natureza diversa. Aqui assinalarei a necessidade de buscar uma síntese dialética (de superação) face à crise do capitalismo e socialismo reais, ao dogmatismo e à fragmentação da ideologia neoliberal e pós-modernista. A emergência de uma razão cínica não parece ser o melhor caminho para a crítica da *razão-dialética*. Destacarei, também, algumas práticas no interior de alguns programas que articulam orientação coletiva e individual com resultados positivos e alguns desafios pontuais.

2 - A produção de dissertações e teses em três conjunturas

- Década de 60: a produção no contexto do "autoritarismo triunfante"

A pós-graduação em educação teve início no país em 1965. É na década de 70, no auge do *autoritarismo triunfante* do golpe civil militar, que ela efetivamente se expande. Trata-se de uma expansão que vem demarcada, de um lado, pelo cerceamento da liberdade, exílio de inúmeros intelectuais e, de outro, pela ideologia do economicismo e do tecnicismo.

Nesse contexto, produzi, de 1974 a 1977, minha dissertação de mestrado. O positivismo constituía-se na matriz epistemológica dominante e o empiricismo uma decorrência necessária. Essa matriz era introduzida sobretudo pelo economicismo. A orientação política da educação se balizava pela onda da teoria do *capital humano* (Frigotto, 1984). É nessa época que a disciplina Economia da Educação vai ser incluída em praticamente todos os programas de pós-graduação da área. Os professores, economistas recém-doutorados nos EUA.

Os trabalhos balizam-se, dominantemente, dentro daquilo que Karel Kosik (1986) denomina *teoria dos fatores* e uma análise pseudo-concreta, fenomênica da realidade. O resultado, salvo raras exceções, expressam análises que ficam na descrição dos fatos e apreensão das disfunções. As próprias áreas de concentração dos programas expressam quais eram os "fatores" dominantes e constroem-se no interior do psicologismo, economicismo e sociologismo.

Depois da metade dessa década, num contexto de reação da sociedade civil face ao golpe e à sua política econômica, social e educacional, esboçam-se avanços de análises críticas sob a inspiração das obras, particularmente, de Bourdieu e Passeron (1975), Baudelot e Establet (1971) e Bowles e Gintis (1975). É nesse final de década que também se cria a Associação Nacional de Pesquisa e Pós-graduação em Educação (ANPED).

- A década de 80: A transição Inconclusa

No Brasil, a década de 80 vem sendo apresentada economicamente como *a década perdida*. Resta perguntar: perdida para quem? Se há perdedor deverá haver ganhador. O último Anuário Estatístico do IBGE, ao nos revelar a brutalidade da concentração de *capital, de riqueza e de renda*, mostra claramente quem são os perdedores e os ganhadores. No plano político, muito embora se reconheçam imensos avanços e conquistas democráticas, a sensação generalizada é de uma interminável *transição inconclusa.*

Não se pode negar, todavia, que, do ponto de vista das lutas dos movimentos sociais, a década de 80 apresenta, no Brasil, avanços significativos. No plano político nunca a esquerda ou *as forças progressistas* chegaram tão perto da possibilidade de governar o país. Não só o PT se afirmou como grande partido de massa, como a CUT (a despeito de todos os seus problemas) marcou um novo tipo de sindicalismo. A realidade das câmaras setoriais, forma de publicizar o conflito capital-trabalho, sinaliza esse avanço.

No plano educacional o avanço teórico e político-organizativo foi substancial. O movimento associativo e sindical da área foi cada vez mais intenso. Desde o processo da Constituinte, os educadores estão representados pelo FORUM, que reúne 34 organizações científicas, associativas e sindicais, para a defesa dos interesses da área.

No plano teórico, o avanço se expressa pela consolidação da pós-graduação, pelo aumento significativo das publicações, pelas grandes Conferências Brasileiras de Educação (CBEs), pelos Seminários Regionais, e, sobretudo, pela afirmação da Associação Nacional de pós-graduação e Pesquisa em Educação (ANPED) como organização especificamente acadêmico-científica. Os grupos de trabalho (GTs), hoje em número de 17, reúnem núcleos de pesquisa por campos de conhecimento, áreas temáticas e em níveis de ensino, esse último aspecto, uma herança, a meu ver, da década passada, demanda ser superado. O embate teórico da pós-graduação ganhou intensidade e qualidade, todavia não sem problemas. É nesse espaço que orientadores, orientandos, ex-orientandos se relacionam.

No plano da produção de dissertações e teses, o referencial de análise básico se centra sobre a *teoria da reprodução* e a incorporação crescente da abordagem de inspiração marxista, sem, no entanto, constituir-se na perspectiva dominante da área. O programa de doutorado organizado na PUC/SP (1978) sob a coordenação de Dermeval Saviani, sem dúvida, constitui-se no marco divisor que reuniu um grupo significativo de intelectuais de posições críticas, cuja formação em nível de doutorado estava represada. Uma compreensão detalhada do significado desse momento pode ser obtida nos anais (em processo de publicação) do Simpósio *DERMEVAL*

SAVIANI E A EDUCAÇÃO BRASILEIRA - realizado pelo Programa de pós-graduação em Educação da UNESP/Marília em maio de 1994.

Três aspectos contraditórios podem ser realçados nesse período no campo da produção de dissertações e teses.

Um papel positivo da teoria da reprodução, introduzindo elementos críticos na análise da educação brasileira. O contexto de uma sociedade profundamente excludente e de elites econômicas, políticas e intelectuais marcadas pela tradição escravocrata, colonizadora e feudal e os efeitos do próprio golpe civil-militar de 64, permitiam apreender, de forma enfática e efetivamente real, os mecanismos de reprodução da desigualdade, exclusão e da ideologia dominante. Uma reprodução marcada pela vivência tanto física, quanto simbólica.

A crítica ao reprodutivismo deu-se, sobretudo, face ao fato da não apreensão, pelo mesmo, das contradições e, portanto, da tendência a uma visão determinista e sem saídas face à situação econômico-social, política e educacional. Talvez se tenha hoje condições de afirmar que as análises aligeiraram tanto a incorporação quanto a crítica dos processos reprodutivistas. Isso poderá ser melhor compreendido dentro das considerações que faço a seguir.

O segundo aspecto é de que as análises de inspiração marxista vieram dominantemente pelo viés do *marxismo que caiu na armadilha estruturalista* da análise do discurso, como no-lo expõe P. Anderson em *A crise da crise do marxismo* (1984). Não é casual a forte influência de Althusser (s.d.) no campo da crítica educacional nos anos 80.

Em que consiste a armadilha estruturalista de que nos fala Anderson e como ela se manifestou no plano das dissertações e teses?

De um lado consiste no sistemático abandono às análises empírico-históricas. A crítica ao empiricismo não ensejou uma superação, mas uma tendência dominante de abandono ao empírico.

A análise de discurso, terreno forte dos estruturalistas, explicitou-se, no campo educacional, de várias formas. Uma delas materializou-se mediante a "repetição" de conceitos e categorias de análise, sem todavia haver uma construção ou reconstrução histórica dessas categorias. Manifestou-se pela ênfase a análises globalizantes sem explicitação clara das mediações constitutivas de determinadas totalidades históricas. Outra manifestação palpável é a elaboração, nas teses ou dissertações, de um capítulo denominado de teórico ou referencial teórico e que, muitas vezes, se tornava uma espécie de apêndice ou capítulo justaposto.

Por fim, o terceiro aspecto refere-se a análises críticas que buscaram seu fundamento no materialismo histórico, notadamente nos próprios escritos de Marx ou em Gramsci. Se as dimensões acima já engendravam positividade, a despeito dos problemas, essas avançam significativamente na compreensão do fenômeno educativo dentro de uma perspectiva histórica. Trata-se de análises, todavia, que também vêm demarcadas pela falta de uma construção histórico-empírica mais robusta.

O pressuposto fundamental de uma análise materialista histórica é de que os fatos sociais não são descolados de *uma materialidade objetiva e subjetiva* e que, portanto, a construção do conhecimento histórico implica o esforço de *abstrair-se, teorizar-se* o movimento da realidade mesma, que sempre é dialético (conflitante, contraditório, mediado). Trata-se de um esforço de ir à raiz das determinações, múltiplas e diversas (nem todas igualmente importantes) que constituem determinado fenômeno. Apreender as determinações que constituem o núcleo fundamental de um fenômeno, sem o que esse fenômeno não se constituiria, é o exercício por excelência da teorização histórica.

Percebo, hoje, nos trabalhos de dissertação e teses em educação que têm uma orientação marxista (insisto que não são a maioria) um esforço definidor de um *modo de pensar* que envolve um triplo movimento: um processo catártico de superação de uma formação metafísica e dogmática; um processo de construção e consolidação de uma concepção materialista da história (se por materialista se entender as condições reais, sempre sociais, sempre humanas e, portanto, objetivas e subjetivas) e de um *modo de agir e intervir* na realidade político-social e educativa comprometido com a superação das relações sociais de exclusão e alienação. Esforço que, contraditoriamente, depara-se com o ressurgimento avassalador da ideologia do neoliberalismo e da onda do pós-modernismo que fetichiza e reifica a diferença, a particularidade e a subjetividade.

- Década de 90: a crise da "razão-dialética" e a emergência da "razão-cínica".

O final da década de 80 e o início da década de 90 vêm demarcados pela crise. Crise é uma das palavras mais pronunciadas deste final de século. Crise econômica e política, crise do socialismo, crise do capitalismo, crise dos paradigmas, crise do marxismo, crise de valores - crise do processo civilizatório.

Paradoxalmente, quando se esboçava um avanço em densidade nas análises no campo educativo através de um mergulho mais fundo no materialismo histórico, a crise do socialismo real, cuja inspiração inicial se deu nos escritos de Marx, põe sob suspeita e em crise essa matriz ontológica e teórica.

É bom lembrar, porém, que a situação de crise, como bem nos mostra Antonio Gramsci, é justamente aquela em que *o velho não morreu e o novo ainda não pode nascer*. Nesse processo, adverte Gramsci, o risco é de surgirem os mais diversos comportamentos mórbidos.

Talvez o conceito de *morbidez* se aplique adequadamente às profecias de Fukuyama (1992) sobre o *fim da história*, fim da modernidade e da razão histórica e o fim das classes sociais fundamentais do capitalismo sem desaparecer a sociedade capitalista.

No presente, esse embate dá-se por caminhos diversos. Um dos pólos sustenta-se na perspectiva dos apologetas da *sociedade do conhecimento*, como as postulações de Bell (1973, 1980), Toffler (1973, 1877, 1980 e 1985) e também, de forma crescente, de Touraine, para exemplificar um espectro amplo e diverso. Outro pólo, o mais forte, dá-se pela avassaladora ideologia neoliberal que tem no mercado *o deus regulador* do conjunto das relações sociais. Trata-se de uma poderosa onda neoconservadora cujos representantes mais importantes são Hayek (1980 e 1987) e Friedman (1977 e 1980).

As posições acima recebem um reforço que vem da ótica dominante das teses da pós-modernidade, assumidas como progressistas (e mesmo de esquerda) e que enfatizam o fim da razão histórico-dialética, ou seja, como sinaliza Chauí (1993), negação de um devenir histórico e de elos de universalidade humana, reificação do momentâneo, transitório, e da capilaridade do micro, do local e do circunstancial. Chauí assinala que *a "Universidade brasileira precisa tomar posição face à crise da razão instalada com o pós-modernismo, ideologia específicado neoliberalismo"*. Nesse particular, Jameson (1994) também enfatiza que as análises pós-modernas (que detêm positividade) não representam ruptura, mas são expressão da nova fase do capitalismo transnacional, "globalizado" e ao mesmo tempo fragmentário.

O que percebo hoje na pesquisa e nas dissertações e teses no campo da pós-graduação em educação é um duplo risco, no plano teórico e no político-prático. Esse risco duplo consiste em negar pura e simplesmente que haja crise, problemas na tradição marxista e fechar-se numa posição doutrinária e dogmática ou saltar para "novos" paradigmas e perspectivas político-práticas, baseadas nas perspectivas acima assinaladas.

Como nos adverte Paola Manacorda (1984), uma teoria não deve ser simplesmente abandonada porque enfrenta problemas novos. Uma teoria é superada quando não tem capacidade de nos ajudar a analisar esses problemas.

A tendência que percebo na área de educação, no campo que se tem definido como da esquerda, é de um deslocamento rápido para análises que tendem a abandonar a perspectiva epistemológica e ontológica marxista, em nome da subjetividade e das diferenças. As perspectivas da pós-modernidade e do neo-estruturalismo são a base dominante, parece-me, das análises da área da educação hoje. Trata-se de uma opção que não estabelece rupturas nem teóricas e nem político-ideológicas com o *statu quo*, mas que expressa, fundamentalmente no plano da consciência, a "*...identidade do pós-modernismo com o próprio capitalismo em sua última mutação sistêmica*" (F. Jameson, 1994:45)

3 - Considerações finais: da afirmação crítica da teoria e ontologia marxista na educação

A crise do socialismo (real) e sua derrocada tem imposto uma autocrítica teórica e política ao marxismo ou marxismos realmente existentes. Crítica ao dogmatismo e mecanicismo e a teoria tomada como doutrina ou "modelo". Todavia, essa autocrítica, ao contrário de levar à decretação do fim da história e, como conseqüência, ao abandono da concepção histórica da realidade, da teoria da história, da filosofia da práxis e da utopia socialista, enquanto legados demarcados profundamente por Marx e Engels, Gramsci (mas não unicamente por eles) nos leva a pensar como Fredric Jameson e Eric Hobsbawm , entre outros, que, face ao crescente domínio da barbárie do capitalismo, nos lembram, respectivamente *que "este talvez é dos piores momentos para esquecermos os ensinamentos de Marx"* (Jameson, 1992) e que *"os socialistas estão aqui para lembrar ao mundo que em primeiro lugar devem vir as pessoas e não a produção. (...) É por esse motivo que o socialismo ainda tem um programa 150 anos após o manifesto de Marx e Engels. É por esse motivo que ainda está no programa"* (E. Hobsbawm, 1992).

Esse encaminhamento tanto da crítica teórica quanto política, certamente, nos impõe exigências e desafios que não podem ignorar os erros do passado. No plano teórico percebo que a radicalidade (processo de ir à raiz das determinações sociais) lhe é uma qualidade fundamental. Todavia, o dogmatismo e a doutrinação são formas de anular a teoria e a ação política. A postura que hoje vislumbro como salutar no plano da produção teórica e na ação política é aquela que Konder nos indica ao concluir seu livro *O Futuro da Filosofia da Práxis - O pensamento de Marx no século XXI* (1992) resgatando uma passagem lapidar do pensamento gramsciano:

> "Na discussão científica, já que se supõe que o interesse seja a busca da verdade e o progresso da ciência, demonstra ser mais 'avançado' aquele que adota o ponto de vista segundo o qual o adversário pode expressar uma exigência que deve ser incorporada, ainda que como um momento subordinado à sua própria construção"

A imagem da *bela alma* e do *comissário*, lembradas por Konder das análises de Karel Kosik (1967) também nos ajudam a balizar os modos equivocados da ação política. Aqui, penso que as reflexões, em vários textos, feitas ultimamente por Eric Hobsbawm e F. Jameson, acima referidos, e trabalhos como os organizados pelo IBASE - *A democracia como proposta* (1992) - nos sinalizam caminhos alternativos.

O projeto básico de pesquisa que desenvolvo no momento, no qual se articula minha reflexão teórica e se vinculam as orientações de dissertações e teses é: "*Conhecimento e Qualificação do Trabalhador: Desafios Face à Nova Base Tecnológica do Processo Produtivo*".

Dois aspectos que se colocam como desafios básicos nesse projeto e que elucidam, em parte, os dilemas e os riscos das tendências teóricas e políticas da pós-graduação em educação hoje.

O primeiro desafio, não só pela tentativa de estabelecer um debate teórico com autores com contribuições, pelo menos alguns deles, importantes como Jürgen Habermas, Claus Offe, Adam Schaff etc, mas pela sinalização de Gramsci acima transcrita, é de caminhar *numa espécie de fio de navalha* teórico. Esse desafio consiste no exercício crítico de tomar como base a concepção materialista histórica de realidade e de conhecimento e incorporar, sem ecletismo, outras contribuições, *de forma subordinada*, nos processos de investigação.

O segundo é o de estabelecer uma vigilância crítica permanente para romper com aquilo que Perry Anderson caracterizou como sendo a armadilha da análise marxista ocidental - o de ter caído na lógica estruturalista de análise de discurso e abandonar o plano empírico-histórico. Como nos lembra Francisco de Oliveira em seu livro *O elo perdido* (1987), o risco maior para quem toma o método dialético como instrumento de análise não é tanto a *vulgata*, mas a incapacidade de *saturar as categorias* de realidade histórica.

Na área de educação, incluindo sem dúvida a produção que se ocupa da relação trabalho-educação, uma análise criteriosa talvez nos indique que fomos fortemente envolvidos por essa armadilha. A crítica ao empiricismo e às análises positivistas na área de educação, nos anos 60 e 70, foi salutar e necessária. Todavia, quer pela conjuntura de combate político-ideológico, quer pela influência do reprodutivismo ou pela ênfase de uma leitura de Marx marcadamente francesa, salvo raras exceções, com o medo do empiricismo abandonou-se a análise empírico-histórica. Não raro confundiu-se uma coisa com outra.

Retomar, com mais ênfase, o plano empírico-histórico e a relação estrutura e conjuntura, particular e universal, sujeito-objeto, subjetividade-objetividade - sem o que não há análise dialética histórica - constitui-se um dos pontos cruciais do projeto acima aludido.

Percebo que esse caminho é salutar no combate tanto ao dogmatismo quanto ao modismo de crítica a que se vem denominando *a razão dialética* e de um retorno anacrônico a posturas irracionalistas, cínicas e subjetivistas. A conjuntura no plano político-social, que exige a ação para além da crítica e da estratégia de resistência, pode nos ajudar a retomar a categoria da *práxis*. É no horizonte da filosofia da práxis que, penso, podemos discutir no plano ontológico e histórico social a centralidade do trabalho na vida humana. É mediante um aprofundamento entre a relação da práxis com o trabalho que, também, como nos mostra L. Konder na obra supra indicada, pode-se criticar sem tréguas as perspectivas teóricas dos apologetas do *mercado e de sua barbárie*, da sociedade do conhecimento e a correspondente emergência da sociedade pós-industrial, pós-capitalista, sem que a forma mais-valia tenha desaparecido, mas ao contrário tomado novas formas. Por esse caminho podemos dialogar criticamente com autores *pós-marxistas, neo-marxistas e pós-modernos*, ainda que, certamente, não seja uma tarefa tão fácil.

O enfrentamento desses e outros desafios implica a capacidade de trabalhar dentro de uma realidade cujas relações sociais e condições de trabalho intelectual são profundamente adversas. O novo, por certo, só pode construir-se no processo de superação das velhas relações. Nesse processo, a elaboração teórica nos é uma condição necessária para a crítica à forma fragmentária de produção da vida humana em todas as suas dimensões, sob a exclusão e, também, na tarefa político-prática de construção de novas relações sociais que rompam com a exclusão e alienação.

Nesse quadro, parece-me que o argumento de Jameson é fundamental para demonstrar que a teoria marxista permanece não só válida, mas a única capaz de analisar com *radicalidade* (no sentido epistemológico, político e ético) os processos de ampliação da exclusão e alienação no capitalismo *globalizado*.

O marxismo

> *"se apresenta, com um incômodo característico, como 'unidade-de-teoria-e-prática'(...) Mas pode ficar mais claro dizer que ele pode ser melhor pensado como uma problemática: ele pode ser identificado não por posições específicas, sejam elas de tipo político, econômico ou filosófico, mas sim por sua dedicação a um complexo específico de problemas, cujas formulações estão sempre em movimento e em reestruturação e arranjos históricos, junto com o seu objeto de estudo, o próprio capitalismo.* (grifo nosso) *(Jameson, 1994:65)*

A teoria marxista, portanto, persiste enquanto seu objeto, o capitalismo, existir, não importa a forma histórica e as contradições que esse assuma. As *categorias modo de produção, classe social, revolução etc*, também pelo fato de assumirem novos contornos históricos, não desaparecem, apenas se explicitam num terreno mais profundo e complexo, hoje no plano transnacional. Não resolvemos o problema substituindo-as *por modo de vida, gênero, multicultura, subjetividade*; pelo contrário, essas categorias necessitam ser trabalhadas naquela perspectiva.

A vivência de vinte e cinco anos, em que formação, estudo e pesquisa se misturaram com intenso trabalho no campo político-educacional, sendo que nos últimos doze anos tive oportunidade de atuar e conhecer as mais diversas realidades em todo o País, indicam-me, ao mesmo tempo, que o esforço valeu e que há, sem dúvida, um imenso caminho a percorrer numa realidade na qual conseguimos avançar na conquista da *emancipação política*, mas o mesmo não ocorre no plano da *emancipação humana*. Nesse sentido, penso que, talvez, a mordaz crítica de Marx - na *Contribuição à crítica da filosofia do direito de Hegel* - sobre a distância entre o *filosofar* e a inserção histórica real dos alemães da época encerre uma grande atualidade para os profetas do "fim da história" e da pós-modernidade e a uma *esquerda* que, face à crise, toma o (des)caminho das análises de *plantão*.

> *"Assim como as nações do mundo antigo viveram a sua pré-história na imaginação, na mitologia, assim nós, alemães vivemos a nossa pós-história no pensamento, na filosofia. Somos contemporâneos filosóficos da época atual, sem sermos os seus contemporâneos históricos"*

Para que a pós-modernidade possa tornar-se realidade histórica é preciso que a modernidade se realize. Realizar a modernidade, no plano da emancipação humana, é ir construindo as possibilidades concretas da abolição da pré-história da forma humana de produção da vida em seu conjunto, sob as relações sociais de exclusão do modo de produção capitalista. Nesse sentido, a pós-modernidade denomina-se *socialismo com democracia.*

> *"O socialismo significa vida garantida: o direito à educação livre e aos cuidados de saúde, o direito à comunidade e à associação; o direito ao trabalho (questão nada irrelevante perante as condições endêmicas do desemprego pós-moderno) e o direito ao lazer, à cultura e à aposentadoria."* (Jameson, 1994:74)

Nesse embate há, sinto, um grande aprendizado com interlocutores que trabalham dentro da mesma direção e interlocutores com posições conflitantes, opostas ou mesmo antagônicas. Esses últimos, paradoxalmente, têm ajudado a romper com o dogmatismo e imposto uma crescente necessidade de atenção crítica na análise da realidade histórico-empírica.

O GT *Trabalho-educação* da ANPED, o NET (Núcleo de Estudos do Trabalho) da UFF, o intercâmbio crítico com grupos da pós-graduação em educação, especialmente da UFMG, PUC/SP, UFRGS, constituem espaços fecundos para o exercício crítico do trabalho acadêmico de pesquisa, ensino, orientação e para o trabalho político.

No plano da orientação, experimentei uma evolução significativa. Num primeiro momento, até meados da década de 80, dava-se apenas individualmente. A partir de 86, sem abandonar o primeiro, organizei orientação em grupo, mediante a discussão coletiva a partir da produção dos projetos ou de parte da própria dissertação. Com a solidificação do programa de Trabalho-educação está sendo possível, desde o início de 90, fazer esse trabalho em conjunto com outros colegas.

Para concluir, quero apenas assinalar algumas dificuldades que necessitam ser enfrentadas no plano de concepção e organizativo da pós-graduação em educação.

No plano dos orientadores, o grande problema vem sendo a fragmentação de seu trabalho, em parte explicado pelas condições de trabalho, mas em boa medida pela perda, na universidade, dos critérios acadêmicos. A universidade necessita mostrar sua robustez política pela qualidade de sua produção teórica, superando tanto a ótica da *bela alma* quanto a de *comissário* acima lembradas.

Outro obstáculo a superar é, tanto o traço cultural da improvisação quanto a ênfase à "oralidade", estabelecendo como cultura acadêmica obrigatória, para os orientadores e orientandos, escrever e, particularmente para os primeiros, publicar. O tempo fragmentado dos mestrandos e doutorandos, em grande parte determinado pela proletarização da profissão, é um outro obstáculo que se faz sentir nas condições de produção na pós-graduação. Não só há pouco tempo para ler, como prolifera a cultura da *xerox* e do capítulo do livro. O pouco tempo para a leitura e a impossibilidade de comprar livros reforçam-se.

Um aspecto que mereceria um estudo, penso, versa sobre o mito e a fetichização do "projeto". Tenho a impressão de que há uma ritualização que ainda herdamos fortemente da tradição positivista especialmente nesse particular. Há programas que ainda têm o metodólogo de plantão. Talvez não mais na perspectiva *metrológica*, mas agora da naturalização das *representações*. A tarefa crítica de *construir* problemáticas relevantes por um processo, desde o início, de *"historicizar sempre"* (Jameson), cede lugar ao mito do projeto e da metodologia. Aqui, o esforço é de se passar de uma concepção histórica (dialética, portanto) da realidade para um método e para procedimentos que permitam penetrar no movimento da realidade que buscamos analisar e, assim, alçá-la no plano do conhecimento. O conceito, as categorias não se confundem com o movimento do real, apenas buscam apreendê-lo e explicitá-lo. Daí a necessidade de reconstruir e de historicizar os conceitos e as categorias para não naturalizá-los e reificá-los.

Por fim, sem querer esgotar, neste depoimento, os desafios do momento, há que se enfrentar a distorção burocrática, particularmente da CAPES, que por ser o órgão financiador das bolsas tem se atribuído o poder de determinar o tempo e a qualidade da produção das dissertações e teses, sem levar em conta as situações concretas e especificidades de cada área do conhecimento. Em nome da surrada e vazia expressão da qualidade total está se enveredando para o aumento de estatísticas de dissertações e de teses que acumulam simplificações, generalidades e frustrações para os autores e orientadores. Se não é aceitável a existência de períodos de até sete anos, regimentalmente regulamentados como prazo para fazer uma dissertação em certas universidades, também não é aceitável a pura e simples definição tecnocrática dos prazos, sem examinar especificidades de áreas de conhecimento e as condições da produção acadêmica a que estão submetidos orientadores e orientandos.

Bibliografia

ALTHUSSER, L. *Ideologia e aparelhos ideológicos de Estado.* Lisboa: Editorial Proença, s.d.

ANDERSON, P. *O fim da história - de Hegel a Fukuyama.* Rio de Janeiro: Jorge Zahar Editor, 1992

____________. *A crise da crise do marxismo. Introdução a um debate contemporâneo.* São Paulo: Brasiliense, 1984.

BOWLES. S. & GINTIS. *The problem with the human capital theorie. A marxisme critique.* American Economic Review, New York, 1975.

BAUDELOT, C. & ESTABLET, R. *L' ecole capitaliste en France*. Paris: Máspero, 1971.

BELL, D. *O advento da sociedade pós-industrial*. Rio de Janeiro: Cultrix, 1973

BOURDIEU, P. & PASSERON, J. C. *A reprodução*. Rio de Janeiro: Francisco Alves, 1975.

CHAUI, M. *A Universidade diante da vocação científica e da vocação política*. Rio de Janeiro: Boletim da ABEA, abril de 1993.

FRIEDMAN, M. *Capitalismo e liberdade*. Rio de Janeiro: Arte Nova, 19977.

___________. *Liberdade de Escolher*. Rio de Janeiro: Record, 1980.

FRIGOTTO, G. *A produtividade da escola improdutiva*. São Paulo: Cortez, 1984.

FUKUYAMA, F.. *El fin de la historia y el último hombre*. Barcelona: Planeta, 1992.

GRAMSCI. A. *Concepção dialética da história*. Rio de Janeiro: Civilização Brasileira, 1978.

HAYEK, F. *O caminho da Servidão*. Rio de Janeiro: Instituto Liberal, 1987.

___________. *Liberdade de escolher*. Rio de Janeiro: Record, 1980.

HOBSBAWM, E. Adeus a tudo aquilo. In: BLACKBURN, R. (org)*Depois da Queda*. Rio de Janeiro: Paz e Terra, 1992.

JAMESON, F. *O inconsciente político*. Rio de Janeiro: Ática, 1992.

___________. *Espaço e Imagem. Teorias do Pós-moderno e outros ensaios* Rio de Janeiro: Editora UFRJ, 1994.

KONDER, L. *O futuro da filosofia da práxis*. Rio de Janeiro: Paz e Terra, 1992.

KOSIK, K. *Dialética do concreto*. Paz e Terra, 1986.

MANACORDA, P. *Lavoro e intelligenza nella età microelettronica* Milano: Presenze/Feltrineli, 1984.

OLIVEIRA, F. de. *O Elo perdido*. São Paulo: Brasiliense, 1987.

TOFFLER. A. *A terceira onda*. Rio de Janeiro: Record, 1980.

__________. *O choque do futuro*. Rio de Janeiro: Arte Nova, 1973.

__________. *O espaço da economia*. Rio de Janeiro: Civilização Brasileira, 1977.

__________. *A empresa flexível*. Rio de Janeiro: Record, 1985.

GAUDÊNCIO FRIGOTTO

Mestre em Educação pelo IESAE/FGV/RJ e Doutor em História e Filosofia da Educação pela PUC/SP. Professor titular (Economia Política da Educação), na Universidade Federal Fluminense-RJ.

Autor e co-autor de vários artigos, livros e coletâneas. Destes últimos, destaca-se: *A produtividade da escola improdutiva*, SP. Cortez, 1984, na quarta edição; *Trabalho e Conhecimento: dilemas na educação do trabalhador* (org), SP. Cortez, 1987; *Trabalho, Educação e Prática Social*. P. Alegre, Artes Médicas, 1991 -Tomas Tadeu da Silva (org). *A educação e a crise do capitalismo real*. Cortez, 1995.

Foi Vice-Presidente da Associação Nacional dos Pesquisadores em Educação, ANPEd, na gestão 1994-1996

A REPÚBLICA DOS BÁRBAROS[1]

Roberto Romano[2]

"As palavras, sementes das ações... (...) Como diz o 'Eclesiastes': 'Existe um tempo para falar, outro para manter o silêncio...'." (Dante Alighieri, "O Convite")

Nada como ouvir as palavras divinas. Assim, no livro "Provérbios", "a língua do sábio usa o conhecimento reto, mas a boca dos loucos vomita sandices". Fernando Collor carregou o livro de um sábio nos braços, o "Dicionário de Política" dirigido por Norberto Bobbio. As suas razões não subiram até o intelecto presidencial. Mas comparemos as atitudes do jurista prudente com as invectivas do governante, sobretudo no caso da imprensa. Collor calunia. Bobbio colabora com os jornais. Collor não ultrapassa o plano dos urros. Bobbio arrazoa. Collor será lembrado como déspota. Bobbio, enquanto amigo do saber e da opinião pública. Leia-se no Parlamento, nas cortes de Justiça, nas famílias, o volume reunindo artigos de jornal, produzidos pelo jurista notável, **"L'Utopia Capavolta"**, (1990). Temos ali esclarecimentos graves sobre o fenômeno da corrupção política.

Bobbio termina sua análise afirmando que o problema moral também é político. "Nenhum retoque na Constituição poderá resolvê-

[1] Texto originalmente publicado na **Folha de São Paulo**, em 23/09/92. Nossos agradecimentos a este Jornal por haver, prontamente, liberado o artigo para compor esta coletânea.

[2] Filósofo, Professor titular de filosofia política da Universidade Estadual de Campinas (UNICAMP)

lo. Dos bons costumes podem nascer boas leis. Mas não bastam boas leis para produzir bons costumes". Aforismo capital. Se a lei não obriga, porque alheia aos mores, é preciso mudá-la, chegando mesmo à sua abolição, ou transformar os costumes. Nesta última tarefa, a imprensa e a escola cumprem papel decisivo. Ditadores e corruptos odeiam mestres e jornalistas. Estes podem modificar o seu rebanho, levando-o ao plano de cidadania com opinião informada. Para isto o meio (e o fim) é o respeito pela fala. A democracia exige a integridade de todos os discursos. O estupro nazista começa com a violência contra o verbo. Como diz o poeta, "palavra, semente das ações".

Linguagem baixa anuncia censura, mortes, prisões, atentados ao corpo e ao espírito. Por isto qualquer governante, no Estado democrático, tem a obrigação, inerente ao cargo, de manter o decoro. Ao expelir injúrias sobre outros cidadãos, ou poderes, o mandatário indecente se desqualifica, "ipso facto", para o exercício delegado da autoridade. Sem isto, não se consegue obediência mínima do corpo social. Quem possui elevação na própria língua domina as críticas, por mais duras que sejam. A imprensa não recusou espaço ao presidente para se defender. Esta mesma página, em **Tendências/ Debates**, abriu campo para artigos de sua lavra, ou de seus auxiliares.

Os lavadores de cérebros, nos mais diversos matizes ideológicos, suspeitam dos jornais. Alguns enxergam neles inimigos "burgueses". Outros, apenas os definem como inimigos. A diferença é pouca. Mas nas seitas, "progressistas" ou só demagógicas, todos desejam reduzir a imprensa (e o discurso da alteridade) a puro meio, em proveito de sua própria força. Quando a mídia foge ao controle, autoritários de todas as marcas passam, céleres, à calúnia. Tudo seria ligado, nas notícias que desqualificam os irresponsáveis, ao desejo de lucro do periódico.

Verdade? No caso brasileiro, o grau da violência exigida pela boca sórdida assinala o quão vigoroso foi o terremoto que sacudiu a República. Collor acostumou-se ao efeito fácil, a propaganda fulminante deu-lhe ilusões de impunidade. Sua arrogância conduziu-o aos atos mais torpes, como no dia em que mandou invadir esta **Folha**. Mais tarde, em entrevista, confessou-se imaturo na época, prometendo jamais repetir o feito vergonhoso. Com o destampatório recente, ele mostra, outra vez, ter mentido. Caso recupere o poder, esta é uma quase certeza, ele voltará à tentativa de calar, pela força, seus críticos da imprensa. Isto foi anunciado de forma chula na ceia de Brasília. Segundo uma atilada repórter do "TJ Brasil", o presidente tinha "o diabo no corpo". O diabo é o pai da mentira, o inimigo do Verbo.

Mas enquanto a fera acuada tentava romper o cerco, jogando insultos (extraídos do fundo de sua alma) sobre os adversários, os seus iguais, na rua, dedicavam-se à falta de compostura. Costumes idênticos presidiram as imprecações de Collor e dos selvagens que cercaram o hospital onde, na presença da morte, se exige o respeito. Os hábitos presidenciais espelham-se nos dos grupos ensandecidos e pré-políticos que, usando os mesmos palavrões invertidos, não alcançam o significado grave do que se passa: a queda de um governante.

Ambos, presidente indecoroso e manifestantes idem, desconhecem direitos humanos, a separação entre público e privado. O primeiro, além de usar bens estatais em proveito próprio, instala escutas telefônicas para definir chantagem, coloca esbirros e capangas na trilha de seus oponentes, tudo para manter-se no cargo. Os segundos, bradam obscenidades eivadas de ressentimento e atinentes à vida íntima dos governantes. Palácio e sarjeta falam a mesma língua, partilham ética idêntica, brotam do mesmo solo incivil útero do fascismo. Caso a prática econômica fosse outra, favorável à classe média sobretudo, o indecente no poder teria respaldo das mesmas esquadras hoje dirigidas contra ele. Os milhões que o escolheram engrossam (na polissemia do termo) o coral das vozes a-políticas, porque apenas primitivas. Roberto Jefferson, Collor e outros não sentir-se-iam solitários entre os reativos que invadiram as passeatas.

As oposições nunca exibiram esse baixo padrão de fala e de comportamento. Nenhum discurso, no PT ou fora dele, apresentou este nível latrinário. Trata-se de uma vingança, contra Collor, praticada pela "sua gente", que hoje o combate nas ruas. Os paizinhos dos que agora enodoam família, hospitais, vida íntima, sujando a própria boca com porcarias, votaram "nelle". Estão arrependidos?

Comecem pois não repetindo gestos e as obscenidades de seu ex-líder. Respeitem o espaço público.

Quando a palavra se degrada, perde-se toda liberdade e democracia. O governante indecoroso ganha o desprezo da gente honesta. A multidão indecorosa nutre as piores tiranias. Nesta hora, compete aos juízes a tarefa de resguardar os ritos da lei e o seu conteúdo universal: os "mores" civilizados. Legalidade sem bons costumes é pele morta, encobrindo cadáver ético de um povo. Os próximos anos do mandato Collor podem corroer o Estado federativo. Deus proteja o Brasil.

****

P.S. Na correspondência através da qual o Prof. Roberto Romano explicitava, ao organizador, sua anuência à incorporação do seu artigo na presente coletânea, enfatizava que:

1. "Tenho escrito alguma coisa sobre escrita... sobretudo filosófica. Em meu livro, cujo título é **Lux in Tenebris**, tenho alguns artigos sobre este plano".
2. "Peço, também, que seja explicado, em nota brevíssima, o fato gerador do artigo: os destampatórios do então presidente Collor no jantar em casa do Sr. Onaireves Moura, durante o qual ele dirigiu-se em termos baixos aos políticos que se opunham a ele. Logo a seguir, com a doença de sua mãe, foi a vez dos estudantes 'carapintadas' de fornecer um atestado de falta de civismo, polidez etc., a si mesmos. Quando, diante do Hospital onde estava a mãe do presidente, os manifestantes utilizaram palavras de extração baixíssima, sem respeito à dor humana e ao decoro, eles igualaram-se ao presidente. Ou seja: ambos demonstraram uma

falta absoluta da experiência da cidadania. Para pessoas que, como eu, criticavam Collor desde os primeiros instantes de seu governo, foi uma surpresa desagradável constatar o baixo nível ético dos que, supostamente, apoiavam os movimentos 'pela ética na política'. Uma linguagem chula, em qualquer circunstância, mas especialmente em plano público, mostra incapacidade para viver em comum, com as diferenças que isto implica, o que é a própria definição de forma democrática.

Acho importante que essa explicação esteja no pé de página para situar o leitor brasileiro, normalmente sem memória, nos eventos criticados."

ROBERTO ROMANO

Graduação em filosofia, USP, pós-graduação em filosofia, USP e na *École des Hautes Études em Sciences Sociales* (Paris). Doutorado na *École des Hautes Études em Sciences Sociales* (1978).

Foi professor da UNESP e da USP, é professor da UNICAMP (Instituto de Filosofia e de Ciências Humanas, Depto. de Filosofia, Área de Filosofia Política). Professor Titular (MS-6).

Livros:

- *Brasil, Igreja contra Estado* (São Paulo, Kayrós, 1979)
- *Conservadorismo romântico, origem do totalitarismo* (São Paulo, Brasiliense, 1981)
- *Corpo e Cristal, Marx romântico* (Rio, Guanabara Ed., 1985)
- *Lux in Tenebris* (São Paulo, Cortez/Unicamp. 1987)
- Livro em estado de finalização: *Diderot e a Sátira*

MEMÓRIA INSTITUCIONAL; MEMÓRIA DE PAPEL[1]

Mario Osorio Marques[2]

"A memória expressa o caráter eminentemente temporal da existência humana." Lamenta Hannah Arendt (1992:274) que a reflexão filosófica tenha relegado a plano secundário a memória, faculdade política por excelência para os romanos, compondo, em Santo Agostinho, a tríade: Memória, Intelecto e Vontade. *"A perda da memória corresponde à incapacidade de imprimir coerência e significação aos fatos e acontecimentos, de si precários e contingentes* " (Enegrén, 1984: 168-72).

Pela memória, o homem é ser que aprende, isto é, pela capacidade de imprimir continuidade e consistência a seu ser alicerçado no conhecer e no querer, construído na palavra e na ação.

Reconstrói a memória a visão compreensiva da continuidade da experiência vivida, numa unidade e coerência, em que os eventos e as idéias singulares expressam seu sentido mais profundo e se tornam

[1] Em publicação recente, o autor amplia a discussão sobre os meios utilizados para garantir perenidade à memória, através da qual relata o seu contato com o computador, caracterizado como um "...namoro à primeira vista, melhor, ao primeiro toque" (1995: 15). Na mesma página ele ressalta: "Sabemos que esse suporte que é a folha de papel não foi sempre o mesmo. Foi parede rochosa, foi argila, foi pergaminho, foi papiro, foi minha pedra lousa de criança. Ai que saudades, foram as paredes da sala de visitas. E agora, agora passa a ser a tela do computador...". Sobre o tema do escrever, o autor publicou três números 06, 24 e 25 na Coleção **Cadernos UNIJUÍ**, o primeiro no ano de 1995 e os dois últimos em 1996. Nos próprios **Cadernos**, o autor anuncia que o assunto será transformado em livro a ser publicado pela Editora da UNIJUÍ.

[2] Professor do Departamento de Pedagogia da Universidade de Ijuí, RS

compreensíveis, colocados pelo tempo à prova da pertinência, acessíveis a uma leitura hermenêutica sob a luz dos presentes sempre novos a que são convocados.

Campo habitado pelo repertório das informações acumuladas e das lições extraídas das práticas, a memória não é apenas armazenagem, mas estruturação e organicidade. A boa memória, por isso, não só guarda e evoca, mas seleciona e prioriza o que guardar e evocar.

Em face das exigências acrescidas que o meio lhe impõe e consciente da própria fragilidade da memória de contínuo solicitada, o homem, desde sempre, recorreu a uma base física externa, ao documento como corpo auxiliar habitado pela informação, repertório complementar, capaz de evocar e transportar a lembrança para além do tempo vivido.

Nesse processo, a forma escrita da linguagem marcou o surgimento das sociedades históricas, isto é, pretendidas para o futuro, graças à capacidade adquirida de fixar e transmitir com fidelidade e segurança suas conquistas na ordem do conhecimento. A substituição das anteriores formas de escrita, concretas e figurativas, pelo alfabeto atribuído aos fenícios, uma combinação de símbolos representativos dos menores elementos fonéticos a que se reduz a palavra, significou passo decisivo para o pensamento abstrato aliado às abstrações práticas da moeda e da mercadoria, que iriam caracterizar o processo da economia das trocas.

Transformaram-se, nesse processo, a argila, o papiro, o pergaminho e, hoje, o papel, em corpos físicos portadores de informações e idéias. Tornou-se a memória humana, predominantemente, uma "memória de papel". E a intervenção da imprensa fez possível a comunicação ampliada, que, nos tempos modernos, viria caracterizar o desenvolvimento cultural, científico e tecnológico.

> *"Todo novo conhecimento, por sua vez, dá-se à base da experiência antecedente do saber humano, experiência sedimentada, orgânica e sistematizada, capaz não só de defrontar-se com e absorver a profusão das informações que circulam hoje tão velozes, mas, sobretudo, capaz de reestruturá-las, inseri-las em totalidades que as tornem significativas e produtivas para as decisões e práticas a que devem servir".* (Marques, 1989:27)

Instituições e memória

> "...*As instituições encarnam as condições para a ação: a articulação racional e persistente dos meios e fins, a garantia da continuidade, de maneira a não se dispersarem em atos e feitos isolados as formas concretas que assumem as determinações das relações entre agentes sociais específicos. Nas condições gerais vigentes singularizam-se as instituições pelos aparatos organizacionais e operacionais necessários à construção/consecução dos seus objetivos e à integração e coesão social dos indivíduos e grupos nela envolvidos.*" (Marques, 1986:33)

A duração é a marca da instituição, com ela contrastando o instituinte enquanto dinamismo vital, presença ativa dos sujeitos que criam sem se amarrarem ao que criaram. Não é memória petrificada; é memória que, no entanto, necessita de habitar o documento, para que possa ser revisitada, constituída em matéria de reflexão. Na dialética da memória reconciliam-se a interpretação hermenêutica da tradição e os horizontes de futuro. A duração da instituição não é a continuidade fácil dos momentos que se sucedem substituindo-se uns aos outros ou deduzindo-se uns dos outros. Mas é a persistência de uma memória seletiva e construtiva das formas que se reconstróem em momentos ritmados de freqüência, desiguais e recorrentes, na recomposição da vida (Bachelard, 1988:104; Marques, 1992:91).

As instituições, no entanto, em geral, parecem não ter memória. É necessário, todos afirmam, que elas construam sua memória num processo de ação-reflexão-ação. Na realidade, para a reflexão pouco tempo sobra; e, quando feitas, as reflexões são apenas esporádicas, descontínuas: não se costuram umas às outras, de maneira a formarem um todo coerente de aprendizagem e de visão globalizada. Embora se queixem diretores e funcionários de condenados a passar grande parte de seu tempo a escrever relatórios, as instituições não constróem a própria memória e, nela, sua auto-consciência crítica.

É comum encontrarem-se, por exemplo, escolas que, após vinte ou trinta anos de funcionamento, nada aprenderam sobre si mesmas e não chegam a construir, a partir de persistente experiência, sua própria teoria da educação, seu entendimento das práticas que desenvolvem, a capacidade de elaborarem projeto político-pedagógico que defina sua identidade e incorpore a aprendizagem histórica à dinâmica curricular. Não bastam, para tanto, os registros burocráticos em que se gravam apenas as seqüências de funções estanques, registros meramente cartoriais, exigidos a título de controle externo.

As práticas necessitam ser iluminadas e conduzidas por teorias adequadas, mas a teoria não se constrói senão como reconstrução conjuntural de práticas determinadas, sempre de novo à busca de validação, de verificação nas ações que pretende iluminar e conduzir. A teoria não está posta para sempre e para tudo. Toda teoria guarda seu caráter original de hipótese; confirma-se à medida que e enquanto resiste aos testes a que as práticas a submetem, na contra-prova de sua própria falsificabilidade.

Nascem as práticas de uma projeção teórica de si mesmas, de uma autocompreensão dos sujeitos que nelas interagem, de uma anteposição de seus objetivos e de seus objetos e instrumentos de ação. Em toda prática há, desde o início, uma teoria que lhe cumpre explicitar para assumir ou reformular, adequando-a às exigências de lucidez, transparência, relevância para os sujeitos e para sociedade em que vivem, efetividade e objetividade, eficácia operativa. A esse cometimento denominamos teorizar as práticas, delas extrair as lições que produzem, não apenas um repertório delas, mas estrutura ativa e organizada em que se sedimentam as experiências vividas e co-participadas.

Instituição e documentação

A realidade imediata da vida e do conhecimento é corporificada na língua. E esse caráter objetivante da linguagem se reforça no documento, isto é, em corpo habitado pela informação: meios audiovisuais de comunicação, mas, sobretudo, na escrita. É pela escrita que conseguimos pensar criticamente, distanciados de nossas próprias idéias para poder julgá-las, submetê-las aos testes das práticas continuadas e do tempo da duração. Escrever é parar para pensar, obrigando-se a disciplinar o fluxo das idéias, expressá-las no ritmo por elas exigido e registrá-las para reexame e novos avanços.

Documentar é levar a sério o que se faz; é dar valor ao próprio empenho e realizações. É acreditar na transcendência do próprio trabalho para além do dia-a-dia e para além das limitações individuais e institucionais. A memória escrita possibilita o domínio e controle da aprendizagem através do tempo, a capacidade de se expressar e de se reconhecer na ação desenvolvida.

Para fugirem à rotina das atividades irrefletidas, as práticas necessitam ser documentadas, flagradas em seu acontecer e preservadas em sua originalidade, acompanhadas passo a passo e descritas na explicitação de seus aspectos relevantes, administradas na continuidade de um processo que faça sua própria história. Dessa forma, o caráter de continuidade e organicidade das práticas exige sejam fixadas e registradas metódica e sistematicamente as variáveis significativas de cada atividade.

O registro audiovisual, gravador e fitas, a fotografia, o vídeo são modalidades oportunas de documentação; nem sempre, porém, exeqüíveis; limitadas em si mesmas, mais dependem de fatores aleatórios. Convivem com a escrita e a subsidiam e complementam sem poderem substituí-la de todo como forma de depoimento pessoal e de captação dos aspectos subjetivos das ações, no próprio fluir delas. Mesmo utilizando-se de outras modalidades, é necessário fazer do relato escrito a forma mais abrangente, que abarque a descrição e a análise, a exposição e a interpretação das práticas em toda sua extensão, potencialidades e alcance.

Não basta, porém, o mero registro das atividades desenvolvidas. Nem é suficiente elaborar relatórios tecnicamente perfeitos. Impõem-se, desde o início, na qualidade de programação prévia, a definição da variáveis significativas a serem registradas metódica e sistematicamente. O método, ao estabelecer a lógica interna, o ordenamento e a articulação no interior da prática, define quais as variáveis significativas (para quem? para quê?). As características dos sujeitos envolvidos, cujos valores, interesses e esforços assumem a prática educativa, para explicitar e impulsionar, devem ser captadas, registradas e analisadas por intermédio do relato escrito.

Como se situa o grupo em referência na sociedade abrangente e no seu próprio contexto? Como se relaciona com outros grupos e organizações, com os movimentos sociais e suas lutas? Como se diferencia internamente o grupo? Quais as categorias significativas: idade, sexo, participação na força do trabalho, vinculações políticas, religiosas, com outros grupos etc.?

De igual forma, o objeto das práticas apresenta variáveis que importa explicitar. Quais são elas em função da natureza das práticas, dos objetivos e das lutas específicas, dos interesses e valores em jogo? Quais as vinculações das práticas específicas da instituição com outras práticas e outras áreas?

Essas e outras, conforme os casos, são perguntas que devem estar presentes na programação das ações e devem também explicitar-se na programação do sistema de documentação. Como não se pode partir para a ação sem um mínimo de planejamento, isto é, da mediação estabelecida pelo conhecimento entre as necessidades e aspirações do grupo e os objetivos a alcançar, de igual maneira, não se pode dar início a uma prática sem um mínimo de previsão e sistematização das variáveis a que atenção maior devem dar o registro e a análise das informações pertinentes.

No nível da prática institucional como um todo, torna-se necessário definir, para cada tipo de atividade e pelas instâncias respectivas mais abrangentes, quais os dados a serem registrados, comentados e apresentados, os setores responsáveis pelo recebimento, guarda e conservação da documentação assim produzida.

Metodicamente conduzida, a documentação deve também ser sistemática, isto é, organizada e coerente, sobretudo idêntica na persistência e continuidade. Informações descontínuas e lacunares, séries truncadas, reflexões que a cada passo mudem de enfoque, sem justificativas maiores, de nada servem à extração de lições, ao entendimento de trajetória das práticas, à elaboração teórica induzida da experiência concreta, histórica e espacialmente produzida, politicamente significativa (Marques, 1987:41-46).

BIBLIOGRAFIA

ARENDT, Hannah. *A vida do espírito.* Rio de Janeiro: Editora UFRJ, 1992.

BACHELARD, Gaston. *A dialética da duração.* São Paulo: Ática, 1988.

ENEGRÉN, André. *La pensée politique de Hannah Arendt.* Paris: Presses Universitaires de France, 1984.

MARQUES, Mario Osorio. Educação popular e instituições. In: Rev.*Contexto & Educação.* Ijuí: Unijuí, ano 1, n. 3, jul/set. 1986, p. 33-6.

___________. Das práticas educativas à elaboração teórica. In: Rev.*Contexto & Educação.* Ijuí: Unijuí, ano 2, n. 7, jul/set. 1987, p. 9-18.

___________. A biblioteca ferramenteira. In: Rev.*Contexto & Educação.* Ijuí: Unijuí, ano 4, n. 13, jan./março 1989, p. 27-30.

___________. *A formação do profissional da educação.* Ijuí : Unijuí , 1992.

MARIO OSÓRIO MARQUES

Sociólogo, Doutor em Educação PUC/RS

Além de inúmeros artigos, publicou os seguintes livros:

- *Uma comunidade em busca de seu caminho.* Porto Alegre: Editora Sulina, 1972.
- *Universidade Emergente: o ensino superior brasileiro em Ijuí (RS) de 1957 -1985.* Ijuí: Editora UNIJUÍ, 1984.
- *Conhecimento e Educação.* Ijuí: Editora UNIJUÍ, 1988.
- *Pedagogia, a ciência do educador.* Ijuí: Editora UNIJUÍ, 1990.
- *A formação do Profissional da educação.* Ijuí: Editora UNIJUÍ, 1992.
- *Conhecimento e modernidade em reconstrução.* Ijuí: Editora UNIJUÍ, 1993.

PALAVRA (MAL)ESCRITA - PALAVRA (MAL)DITA: A IMPORTÂNCIA DO ESCREVER E DA CRÍTICA

Eduardo A. Tomanik[1]

> "*Palavras de verdade sempre parecem paradoxais, mas nenhuma outra forma de ensino pode substituí-las*" (Lão Tsé, citado em Fromm, 1978:7)

O Homem é um Ser Social; a fragilidade biológica do Ser Humano o coloca sempre como dependente da coletividade; o homem só se realiza enquanto Ser (Humano) a partir da vida em Sociedade. Nada disso é novo; nenhuma dessas afirmações (com todas aquelas letras maiúsculas) parece ainda necessitar de demonstração e seria mesmo desnecessário repeti-las, a não ser, talvez, pela insistência com que são difundidas, cada vez mais, algumas idéias sobre a importância do sucesso individual.

Pois pretendo, neste artigo, mesmo com o risco de parecer mero repetidor, tomar como ponto de partida algumas colocações que de tão óbvias parecem estar sendo esquecidas (afinal, óbvio é aquilo em que a gente não pensa, não é?). Essas colocações, por sua vez, se retomadas, poderiam levar a algumas práticas que de tão simples - e eficazes - parecem estar sendo sistematicamente eliminadas.

[1] Professor do Departamento de Psicologia no Centro de Ciências Humanas Letras e Artes da Universidade Estadual de Maringá - PR

Para tentar não repetir aquelas frases sobre a importância da vida em sociedade, basta dizer que a existência do outro não é importante apenas para a sobrevivência física do homem (embora isso não seja pouco) ou para sua transformação em ser humano (o que também já é muito), mas é também a condição essencial para que o próprio homem possa dizer tudo isso e acreditar que o que diz é verdade. Não é possível pensar sem a existência do outro.

Se o homem se considera capaz de pensar, de elaborar raciocínios sobre um mundo que vê como objetivo e real, externo, anterior e independente dele, é porque um longo e complicado processo de trocas de informações e de vivências, de compartilhamentos de experiências subjetivas permitiu a elaboração, a divulgação e a aceitação de um mundo tido como objetivo e objetivamente acessível.

De acordo com Figueiredo (1988), o mundo como realidade objetiva e a capacidade do homem de raciocinar sobre aquela realidade só podem existir como "fatos" desde que apresentados em conjunto, compartilhados com o outro e "confirmados" por ele. Em outras palavras:

> *"somente a crença compartilhada da existência de um mundo objetivo pode permitir ao homem afirmar sua própria racionalidade - sua capacidade de refletir aquele mundo - e confrontá-lo com a racionalidade do outro. (...) Por outro lado, sem a crença compartilhada na possibilidade de uma apreensão racional da realidade não há como afirmar a existência de um mundo objetivo. Se não há como apreender e compartilhar uma realidade, não há como constituí-la"* (Tomanik, 1993:134).

Ora, o compartilhamento de experiências humanas pode se dar de várias maneiras: através da vivência de situações semelhantes, de processos de aproximação emocional, de identificação ou de empatia com o sujeito que vivenciou diretamente o processo, etc. No entanto todas essas maneiras passam, de uma forma ou de outra, pelo uso da linguagem.

A linguagem, entendida aqui como conjunto de sinais vocais e de sinais gráficos derivados dos sinais vocais, possui características que a tornam mais rica que outros conjuntos de sinais igualmente utilizados pelo homem para se expressar (como as pinturas, os gestos, as imagens), e por isso mesmo se constitui na forma por excelência da expressividade humana. Vejamos porquê.

Em primeiro lugar a linguagem permite, com um grau de detalhamento e de complexidade muito grande, a superação do caráter imediato e de acesso direto das experiências. Em outras palavras, a linguagem permite que uma experiência qualquer seja conhecida - e compartilhada - fora do local e do momento em que ocorreu.

Além disto, segundo Berger e Luckmann (1985), sendo um sistema coletivo de sinais, a linguagem como que obriga cada ser humano a seguir os padrões da coletividade, impostos através daquele sistema de expressão.

De acordo com os mesmos autores, e de forma resumida, a linguagem pode ainda possibilitar que o homem supere o caráter imediato e individual de suas experiências; que confira às sensações subjetivas uma relativa objetividade, tornando aquelas sensações acessíveis ao outro; que organize e agrupe suas experiências - e as experiências do seu grupo - em um sistema de tipos ou categorias; que estabeleça relações entre experiências diferentes ou vividas em diferentes situações. Pode, finalmente, possibilitar que o homem se sinta menos fruto do cotidiano, e mais produtor da sua história. Pode possibilitar tudo isso, mas não pode garantir que algo aconteça...

Sim, porque o homem pode também utilizar a linguagem exatamente no sentido inverso, buscando ocultar suas vivências ou impedir que elas se tornem claras para o outro. Isso pode ocorrer porque os processos de comunicação humana têm sempre em si uma contradição: se através deles o homem pode se reconhecer como ser humano e indivíduo (distinto do outro), também se torna exposto ao outro, na medida em que revela suas experiências a ele.

A relação do eu com o outro também é toda permeada por contradições: se preciso dele para me afirmar como eu (se sem o outro não chego a ser, nem a ser eu), por outro lado ele pode não me aceitar como pretendo ser (diferente dele), ou pode me parecer ameaçador, justamente por não ser igual a mim.

Por conta de toda uma evolução histórica (e evolução não quer dizer necessariamente melhora), vivemos numa sociedade altamente disposta a privilegiar a competição e a individualidade e nem um pouco disposta a tolerar diferenças de qualquer espécie. A competição implica sempre na tentativa de diminuição do outro frente a mim; o isolamento individual, por sua vez, passa pela eliminação da importância do papel do outro e a intolerância com as diferenças individuais ou grupais vem justificando, inclusive, a própria eliminação física do outro.

É claro que numa sociedade como essa, a figura do outro como ameaçador tende a eliminar a visão da possibilidade de crescimento contida na existência dele e a comunicação tende a servir muito mais como ocultação do que como forma de troca e de desenvolvimento mútuo.

Não gostamos (alguns de nós, ao menos) dessa sociedade tal como ela está. Temos severas queixas contra ela. Gostaríamos que fosse diferente do que é. No entanto sentimos que não podemos mudá-la sozinhos. Pois é de dentro dessas insatisfações que pretendo justificar a existência deste artigo.

Seria muita pretensão, é claro, supor que um artigo possa mudar uma sociedade e estou longe de ter uma intenção parecida com esta. Pretendo apenas discorrer sobre uma forma de comunicação entre as pessoas e da importância que ela poderia ter, se fosse utilizada, ou melhor, se fosse mais e melhor utilizada. Pretendo escrever sobre a escrita (o que não é nenhuma novidade, num conjunto de textos que trata justamente disto).

Vimos o quanto a linguagem falada pode ser importante e contribuir para o desenvolvimento do indivíduo - e da sociedade, conseqüentemente -, se for utilizada para isso. É momento agora de vermos algumas das fragilidades que a fala tem, se comparada com a escrita.

Em primeiro lugar, a palavra escrita tende a ser muito mais permanente que a palavra falada, e isso quer dizer tanto que ela tende a durar mais tempo, quanto que pode se alterar menos do que o que foi apenas falado.

Uma afirmação verbal, por mais clara e importante que seja, poderá já não ser a mesma quando reproduzida por alguém que a ouviu diretamente do seu autor, ou mesmo pelo próprio autor, em outra ocasião.

A cada nova tentativa de reprodução igualmente verbal, aquela afirmação poderá perder um pouco do seu sentido original, até chegar mesmo a ser apresentada como o oposto do que era inicialmente. A mesma afirmação escrita pode, em princípio, ser reproduzida quase que indefinidamente, sem se alterar (a menos, é claro, que haja alguma intenção deliberada em fazê-lo).

Não é por outra razão que a linguagem escrita é sempre considerada como a forma oficial de comunicação.

Em parte por esse seu caráter de maior permanência, a escrita tende a não necessitar da presença física do sujeito que a elabora, ao contrário da fala.

Ao que parece, a linguagem falada é muito fluida, dinâmica demais para prescindir da presença de seu autor e da possibilidade de um diálogo imediato com ele. Quando capturada, parece perder grande parte de sua capacidade de comunicação.

Mesmo com os recursos modernos de registro fonográfico, na comunicação de caráter oficial, a fala gravada sob a forma de sinais sonoros não tem merecido um grau de confiança sequer comparável ao do registro através de caracteres gráficos.

Isso pode ser percebido mesmo na comunicação pessoal à distância: pelo telefone, embora limitada quanto à presença física do outro, a fala ainda é um recurso satisfatório, na medida em que é possível estabelecer um diálogo imediato com ele. Quando não se pode, ou não se deseja utilizar o telefone, o registro escrito é sempre preferido ao envio de fitas ou outras formas de registro fonográfico.

Em segundo lugar, a palavra escrita tende a ter, digamos, uma carga muito menor de emocionalidade do que a que pode estar presente na linguagem oral. Quando se exprime verbalmente, o homem coloca para o seu interlocutor toda uma série de outros sinais. As posições do seu corpo, a intensidade dos gestos, a expressão facial e a própria entonação das palavras contribuem para realçar, diminuir ou até mesmo alterar totalmente o sentido das palavras ditas. No papel nada disto pode estar presente.

É possível, é claro, sublinhar ou destacar de outras maneiras alguma parte do texto escrito; é possível utilizar uma forma especialmente intensa, agressiva ou carinhosa de construção de frases, ou selecionar palavras especialmente carregadas de sentidos conotativos, mas nada disto vai fazer com que se consiga a mesma carga emocional da fala e do seu séquito de sinais corporais.

Talvez pela soma daquelas características, a palavra escrita tende a ter uma precisão bem maior do que as expressões orais. Se é mais permanente, pode estar presente fora da situação em que foi expressa originalmente, e mesmo na ausência de seu elaborador, a escrita tem, quase sempre, que possuir um grau de abrangência maior, e um poder de expressão que supere a situação e o momento em que foi elaborada. Se não se presta tanto à expressão das emoções, ela como que força seu autor a buscar um grau maior de precisão, de detalhamento e de clareza do que se estivesse apenas falando.

Mais do que tudo isso, porém, a palavra escrita tem a característica de ser a prova de si mesma. Uma vez registrada, ela não pode mais ser negada, e como que se cristaliza, dificultando inclusive que se negue a intenção contida nela.

Tendo escrito, o indivíduo não pode mais negar que escreveu, nem pode dizer que não era bem aquilo que pretendia expor. Mesmo a alegação (aliás, freqüente) de que o outro não interpretou corretamente o que foi escrito, pode ser facilmente contestada pela análise do texto, ou, o que é pior, usada para colocar sob suspeita a capacidade do autor em expressar claramente o que pretendia. A fala, ao contrário, sempre pode ser negada, tanto em sua autoria quanto em suas intenções.

A palavra escrita, portanto, expõe muito mais seu autor ao outro.

Necessitando possuir uma maior precisão do que a fala, a escrita também permite uma análise muito mais detalhada e precisa de seus conteúdos; não sendo acompanhada de gestos ou outros sinais corporais, tem que ser clara o suficiente para ser plenamente entendida pelo outro; sendo, ela própria, pouco adequada para a demonstração de conteúdos emocionais, exige a transformação desses conteúdos em descrições ao mesmo tempo "frias" e passíveis de serem captadas plenamente pelo outro; permanecendo mesmo na ausência do autor, exige dele a capacidade de antecipação das dúvidas do outro e de elaboração clara dos raciocínios, de exposição coerente das relações que pretende estabelecer e de demonstração suficiente do valor de suas afirmações.

Graças a cada uma dessas características, e à soma delas, a expressão escrita possibilita, favorece e quase que exige a prática da crítica como seu complemento natural. Talvez por isso seja tão temida. Talvez por isso seja tão evitada.

Numa sociedade em que a figura do outro tende a aparecer muito mais como ameaçadora, como temível e prejudicial, expor o que se pretende, o que se sente ou o que foi vivido pode parecer mesmo insensatez.

No entanto, esse raciocínio só se mantém em conjunto com a manutenção daquele sistema de vida em sociedade contra o qual nos posicionamos, e da crença no isolamento individual e na competição como processos "naturais", "saudáveis" e "desejáveis". Nesse conjunto, as formas de defesa contra o papel potencialmente questionador do outro, a exacerbação das diferenças, a superficialidade, o imediatismo e o papel meramente instrumental das relações pessoais são perfeitamente coerentes com o pouco uso da linguagem escrita, quando se trata de expor conteúdos ou conclusões pessoais.

Basta, entretanto, que se tome o crescimento, ainda que individual, como uma meta a ser permanentemente buscada para que todo aquele quadro seja invertido. Se se entende a vida como processo e não como mera passagem, e a transformação como a forma humana de existência, contrária e incompatível com a estagnação, o outro e tudo aquilo que ele representa de diferente, de questionador e, portanto, de mobilizador, passa a ter um significado inverso. A forma de comunicação com ele tem que ser igualmente transformada.

Já não há porque evitar sistematicamente as diferenças, mas há que torná-las claras; já não há porque temer ou ocultar as elaborações pessoais, mas há que compartilhá-las. Elas têm, portanto, de ser expressas de forma mais clara, mais objetiva, mais precisa; têm de ser registradas, não como imposições, mas como relatos; não como determinações, mas como fazer de processos. Têm de se tornar claras ao outro, da mesma forma que ele tem de tornar claras as suas.

A noção de processo permite, inclusive, que a trajetória seguida por esse raciocínio seja invertida e a adoção da escrita como forma mais usual de comunicação seja o ponto de partida para todo um processo de transformação que vai além do meramente individual.

Escrever é preciso.

É hora, para finalizar, de tentar estender esta análise a duas esferas da nossa vida social, distintas, mas nem tanto: a produção acadêmica e a vida pessoal.

Na vida acadêmica, grande parte da possibilidade de produção de novos conhecimentos, de novas idéias, é bloqueada pelo temor do outro e da crítica.

Esse temor pode se manifestar, por vezes, de forma quase bizarra:

> *"há uma espécie de crença arraigada, tanto nos meios acadêmicos quanto fora deles, de que o conhecimento de alguém pode ser medido pela dificuldade das outras pessoas em compreender o que ele fala, ou seja, quanto mais difícil, sofisticado e intransponível for o discurso, maior será o conhecimento contido nele. Ainda se valoriza muito o discurso 'bonito', mesmo quando não consegue transmitir o seu conteúdo, ou que não tenha mesmo conteúdo algum ..."* (Tomanik, 1994:98)

Pior ainda, situações como a publicação de um texto ou a apresentação pública de trabalhos são sempre, ou quase sempre, momentos de tensão, pela forma como são preparadas e encaradas. As avaliações, seja sob a forma de provas ou de defesa de trabalhos, que poderiam ser importantes momentos de aperfeiçoamento e de aprendizagem, parecem muito mais rituais de algo próximo à flagelação. A própria crítica é vista, com freqüência, como uma forma de ameaça pessoal.

Além disso, ou talvez justamente por isso, tendemos a falar muito e a escrever pouco. Tecemos discursos, análises e críticas, elaboramos raciocínios e produzimos idéias que jamais passam dos limites dos nossos círculos mais próximos de amizades ou que jamais são transferidas para o papel.

Claro que assim ocultas, ou mantidas nos limites do grupo dos que as apóiam (ou apóiam o seu autor), elas se prestam para a manutenção da auto-imagem do autor como a de um produtor de conhecimentos. Não permitem, entretanto, a crítica, a verificação do valor efetivo que possuem, do potencial que têm para a transformação das teorias vigentes e das práticas adotadas pelas comunidades de especialistas da área em que estão contidas. Não permitem, ainda, que o autor ou a comunidade possam aperfeiçoálas, eliminando ou superando seus pontos negativos e aprimorando os positivos.

É claro, também, que escrever, tornar públicas idéias, críticas ou reformulações, exige um grau de preparo teórico muito maior do que apenas falar, mas esse ideal de competência é próprio da vida acadêmica, e tudo o que contribuir para que ele seja buscado - ou até exigido - deve ser bem vindo.

Há razões estruturais, externas ao mundo acadêmico, inclusive, que tendem a bloquear a adoção da prática de escrever, e essas razões podem parecer, e parecem, por vezes, insuperáveis. Mas estruturas sociais não se erguem sozinhas, nem se mantêm ao acaso. O homem as elabora e ele pode (coletivamente) mudá-las. Mesmo que na prática isto não seja tão simples, tampouco é impossível.

Na vida pessoal, a situação não é muito diferente. Também há toda uma estrutura (ideológica, inclusive), que contribui para o isolamento individual e a conseqüente perda da capacidade crítica. No entanto, abandonar as tentativas de aprimoramento pessoal (seja como isso for entendido) e se curvar às exigências do isolamento social não são dois processos distintos, mas apenas formas diferentes da mesma alienação, de si ou do que é seu.

A busca de uma comunicação mais efetiva, menos superficial ou imediatista, mais clara e elaborada, me parece ainda a forma mais eficaz de mudança (pessoal e mútua), até porque não é, de forma alguma, incompatível ou prejudicial a outras formas, mais afetivas, de contato. O temor ao outro, sim, é prejudicial a ambas.

Em tempo:

Defender a utilização da linguagem escrita, discorrer sobre suas vantagens e seu papel potencialmente transformador supõe a existência de pessoas capazes de compreender a escrita, de dominar seus códigos e de saber fazer uso deles. Não me parece coincidência que a tarefa de preparar essas pessoas venha sendo tão prejudicada. Só que isso já é assunto não para um outro artigo, mas para uma outra luta, muito maior.

Bibliografia

BERGER, P.L. e LUCKMANN, T.; *A Construção Social da Realidade - Tratado de Sociologia do Conhecimento.* Petrópolis : Vozes, 1985

FIGUEIREDO, L.C.M. "Empirismo Lógico: Valores, Vicissitudes, Perspectivas" em FIGUEIREDO, L.C.M. e Outros. *Epistemologia, Metodologia: Ciências Humanas em Debate.* São Paulo : Educ, 1988

FROMM, E.. *Análise do Homem.* Rio de Janeiro : Zahar, 1978

TOMANIK, E.A.; *O Olhar no Espelho.* "Conversas" sobre a Pesquisa em Ciência Sociais. Maringá : Editora da Universidade Estadual de Maringá, 1994

________________. *Ser e Não Ser: A Pesquisa em Psicologia no Brasil e a Questão da Cientificidade.* São Paulo : Pontifícia Universidade Católica de São Paulo, (tese de Doutorado em Psicologia Social), 1993

EDUARDO AUGUSTO TOMANIK

Licenciado em Psicologia pela PUCCAMP.

Mestre em Psicologia Comunitária pela Universidade Federal da Paraíba.

Doutor em Psicologia Social pela PUC/SP.

Além de vários artigos é autor do livro: *O olhar no espelho 'conversas' sobre a pesquisa em ciências sociais,* publicado pela Editora da Universidade Estadual de Maringá, PR dobre aqui

ISR 40-2146/83
UP AC CENTRAL
DR/São Paulo

CARTA RESPOSTA
NÃO É NECESSÁRIO SELAR

O selo será pago por

summus editorial

05999-999 São Paulo-SP

dobre aqui

recorte aqui

TRAMA E TEXTO

summus editorial

CADASTRO PARA MALA DIRETA

Recorte ou reproduza esta ficha de cadastro, envie completamente preenchida por correio ou fax, e receba informações atualizadas sobre nossos livros.

Nome:______ Empresa:______
Endereço: ☐ Res. ☐ Coml. ______ Bairro:______
CEP: ______-______ Cidade: ______ Estado: ______ Tel.: ( ) ______
Fax: ( ) ______ E-mail: ______ Data de nascimento: ______
Profissão:______ Professor? ☐ Sim ☐ Não Disciplina: ______

1. Você compra livros:

☐ Livrarias ☐ Feiras
☐ Telefone ☐ Correios
☐ Internet ☐ Outros. Especificar:______

2. Onde você comprou este livro?

______

3. Você busca informações para adquirir livros:

☐ Jornais ☐ Amigos
☐ Revistas ☐ Internet
☐ Professores ☐ Outros. Especificar:______

4. Áreas de interesse:

☐ Educação ☐ Administração, RH
☐ Psicologia ☐ Comunicação
☐ Corpo, Movimento, Saúde ☐ Literatura, Poesia, Ensaios
☐ Comportamento ☐ Viagens, Hobby, Lazer
☐ PNL (Programação Neurolingüística)

5. Nestas áreas, alguma sugestão para novos títulos?

______

6. Gostaria de receber o catálogo da editora? ☐ Sim ☐ Não

7. Gostaria de receber o Informativo Summus? ☐ Sim ☐ Não

cole aqui

Indique um amigo que gostaria de receber a nossa mala direta

Nome:______ Empresa:______
Endereço: ☐ Res. ☐ Coml. ______ Bairro:______
CEP: ______-______ Cidade: ______ Estado: ______ Tel.: ( ) ______
Fax: ( ) ______ E-mail: ______ Data de nascimento: ______
Profissão:______ Professor? ☐ Sim ☐ Não Disciplina: ______

summus editorial
Rua Itapicuru, 613 – 7º andar 05006-000 São Paulo - SP Brasil Tel.: (11) 3872 3322 Fax: (11) 3872 7476
Internet: http://www.summus.com.br e-mail: summus@summus.com.br